Las lecturas devocionales de este libro nos sitúan en el día a día de las personas corrientes con las que se relacionaba Jesús. No son personajes ficticios, sino pecadores que se relacionaron con aquel que les entendía y acabaría muriendo por ellos. Son relatos de reprensión y esperanza, de pecado y perdón. Sí, su historia es la nuestra. Lee *Los elegidos* y pásalo a otras personas que luchan con sus pecados y necesitan ver a Jesús de una forma nueva.

—DR. ERWIN LUTZER, pastor emérito de la iglesia
Moody Church de Chicago, Illinois

No conozco a nadie como Dallas Jenkins. La frescura de su mirada e intuición le permiten tomar los relatos de siempre y hacerlos nuevos. Esto es exactamente lo que sucede en este hermoso y potente devocional. ¡La lectura de estas profundas reflexiones te inspirará y motivará a vivir la vida en su plenitud!

—RAY BENTLEY, escritor, orador y pastor de la iglesia
Maranatha Chapel en San Diego, California

En *Los elegidos*, se unen tres voces para guiarte en un extraordinario periplo de cuarenta días con Jesús. Conocerás a las personas que le amaron, le sirvieron y le siguieron; verás al Salvador con sus ojos y considerarás su identidad y la razón de su venida. El estilo es relevante y asequible, y el enfoque de cada devocional en la oración aporta a cada lectura un punto de referencia perfecto. Las preguntas están pensadas para ayudarte a avanzar en tu fe y son suficientemente estimulantes para conseguir exactamente esto. ¡Una joya de libro!

—Liz Curtis Higgs, autora del superventas
Bad Girls of the Bible

LOS
ELEGIDOS

40 DÍAS CON JESÚS

Por
Amanda Jenkins,
Kristen Hendricks,
& Dallas Jenkins

BroadStreet
E S P A Ñ O L

BroadStreet Publishing® Group, LLC
Savage, Minnesota, USA
BroadStreetPublishing.com

LOS ELEGIDOS: 40 días con Jesús

978-1-4245-6211-4 (imitacion piel)
978-1-4245-6212-1 (libro digital)

BroadStreet Publishing ofrece sus títulos en ediciones extensas o
personalizadas para usos educativos, comerciales, ministeriales,
recaudatorios o promocionales.

Representado por Dan Balow de Steve Laube Agency
Diseño de cubierta de Chris Garborg/garborgdesign.com
Compilado por Kjell Garborg/ garborgdesign.com

Printed in China
20 21 22 23 24   5 4 3 2 1

A Simón Pedro, María Magdalena,
Nicodemo y Mateo.
Antes de ser héroes de la fe, inspiradores
de la serie *Los elegidos*, fueron pecadores
desesperados como nosotros.

ÍNDICE

PRÓLOGO

Cuando el Hijo de Dios vino a esta tierra y se puso en nuestra piel, conectó con la humanidad por medio de historias. Jesús utilizó nuestros propios relatos para ayudarnos a entender las verdades de Dios. Comunicó los inmutables principios de los cielos mediante parábolas de situaciones familiares y terrenales, y con personajes relevantes con quienes cualquiera de sus oyentes podía identificarse. Eran anécdotas, crónicas y narraciones que alimentaban el alma de todos aquellos con los que se encontraba.

Así es como Dios Padre ha venido impartiendo su revelación a la humanidad desde la aurora del cosmos. Mediante historias, por cuanto Dios es y siempre ha sido el primero de los autores: «En el principio era el Verbo, y el Verbo era con Dios, y el Verbo era Dios» (Juan 1:1).

Dios sabe que cuanto más hambrientos estemos espiritualmente, más atraídos nos sentiremos en nuestro corazón hacia las cuestiones celestiales —como la gracia, el perdón, el sacrificio, la redención, la reconciliación y la resurrección— y más nos acercaremos a él. Estos temas son como las cuerdas de un violín que, tocado con destreza, siempre resuena melódicamente en nuestra alma en sintonía con la verdad de Dios.

Esto es lo que mi amigo Dallas Jenkins está creando con su potente serie, *Los elegidos*, que nos lleva a ver a Jesús con los ojos de personas reales cuyas vidas transformó completamente con sus palabras, amor y actos. Imaginémonos lo que sería recorrer los polvorientos caminos de aquellos personajes que conocieron personalmente al Mesías.

Esto es lo que vas a encontrar en estos hermosos e intensos devocionales. Recorre este camino con *Los elegidos* durante los próximos cuarenta días. Lee y reflexiona sobre estos devocionales. Digiérelos como alimento para tu alma. Y, después, escríbelos en tu corazón, no con tinta sino con el Espíritu del Dios vivo.

Brian Bird

Guionista y productor de la película *El caso de Cristo* y de la serie de televisión *When calls the heart*; coautor de la serie devocional *When God Calls the Heart*

DEL DIRECTOR DE
LOS ELEGIDOS

He sido creyente toda la vida, siempre he asistido a escuelas cristianas y he oído los relatos de Jesús un sinnúmero de veces. También he visto todas las películas y miniseries sobre Jesús que se han hecho, y han sido muchas. ¿Por qué, pues, una nueva serie de televisión sobre Jesús?

Por lo que estás leyendo ahora.

Siento una gran pasión por que las personas escuchen «la antigua historia» una vez más… como si fuera la primera vez. Cuando veo películas sobre Jesús es muy raro que me sienta conmovido o emocionado, y me pasa lo mismo con los devocionales que giran alrededor de su persona. Francamente, no suele haber nada nuevo, y es difícil identificarse con el perfecto e inmaculado Hijo de Dios. Sin embargo, *sí* me identifico con los pecadores que rodean a Jesús. El problema es que la mayoría de los proyectos sobre Jesús se limitan a llevarte de un relato bíblico a otro, pasando por alto la humanidad y el trasfondo de todos estos personajes.

Por ello, cuando comencé a crear una serie de televisión que explora la figura de Jesús a través de los ojos de las personas que se relacionaron con él, descubrí que me sentía conmovido y emocionado. Le experimentaba como lo hicieron ellos, y la reacción al episodio piloto de Navidad sobre el nacimiento de Cristo desde la óptica de los pastores nos confirmó que íbamos por el buen camino. La frase que se repetía era: «He oído esto antes, pero nunca de esta manera».

La tarea de escribir los episodios y este devocional nos llevó a explorar el trasfondo de Simón Pedro, Mateo, María Magdalena, Nicodemo y algunos de quienes fueron objeto de los milagros de Jesús. No podíamos dejar de identificarnos con sus difíciles trasfondos, su negligencia, religiosidad vacía, desesperación por un cambio... y, en última instancia, por su redención.

De nuevo, ¿por qué un nuevo programa de televisión sobre Jesús?

Y mi respuesta es: para profundizar más. Espero que este libro sea un instrumento para ello. Sin embargo, no habremos conseguido nuestro propósito si no te sientes compelido a volver a la Escritura, no solo para experimentar a Jesús como sus seguidores sino también para poder *cambiar* y *crecer* como lo hicieron ellos.

Por ello, si has decidido trabajar este material con nosotros, utilízalo plenamente. Los seguidores de Jesús eran estudiantes (por ello le llamaban «rabí» y «maestro»). Sé tú también un estudiante: toma notas, ora sobre las cosas que lees y escribes, y celebra el hecho de que has decidido ser un embajador de aquel que creó el mundo.

Quiero ser claro: es cierto que el proyecto que tienes ante ti está relacionado con la serie de televisión, pero solo en el sentido de que nos sentimos impulsados a ambas cosas: representar visualmente la Escritura *y* contarla por escrito para avivar tu pasión por ella y por aquel que la inspiró. Esperamos que ver la serie intensifique tu experiencia con este libro, y viceversa. Pero no hemos creado esto para sacar provecho de la serie; te darás cuenta enseguida de que este material no aparece en nuestros episodios. Este devocional existiría aunque no existiera la serie de televisión.

No sé en qué etapa te encuentras de tu viaje con Cristo: no sé si eres una María Magdalena que conociste a Jesús después de un pasado horrible sin él, o un Nicodemo que has formado parte toda tu vida del equipo de Dios. Sin embargo, como Jesús demostró una y otra vez, tenemos mucho que aprender e innumerables rasgos de carácter que necesitan un cambio. ¡Gracias por emprender este viaje con nosotros!

Dallas Jenkins
Director de *Los elegidos*

ANTES

«No temas, porque yo te redimí;
te puse nombre, mío eres tú».

ISAÍAS 43:1

Cada seguidor de Jesús tiene un «antes» no demasiado glorioso: un impulsivo y temerario pescador; un piadoso y sofisticado dirigente religioso; un recaudador de impuestos frío e insensible; una mujer poseída por demonios tan insignificante que no se menciona nada de su pasado, por lo que solo podemos suponer lo que pudo haber sido.

Y, sin embargo, Dios llama a las personas en el «antes», cuando ni siquiera eran conscientes de ser versiones rotas de ellos mismos. Dios llama a las personas *antes* de empezar su obra transformadora de redención, porque ve más allá de ese «antes» y mira a sus planes y objetivos. En el caso de aquellos a quienes ama tanto que llama suyos, Dios ve su vida después del «antes».

Fíjate en Israel, por ejemplo.

Isaías pronunció sus palabras proféticas sobre el pueblo elegido —«No temas, porque yo te redimí» (Isaías 43:1)— no cuando era obediente, sino durante un periodo de rebelión. En este tiempo, Israel estaba lleno de idolatría, el corazón del pueblo divagaba y era intensamente insensible hacia el pecado, además de experimentar las dolorosas consecuencias de sus decisiones. Y mucho antes de su arrepentimiento, Isaías profetizó estas palabras y concluyó diciendo: «te puse nombre, mío eres tú», y lo hizo a un Israel que se estaba rebelando contra todo lo que Dios había hecho por ellos y todo lo que quería hacer. Pero Dios no se volvió atrás y les mostró su misericordia: expresó su amor por su pueblo escogido, declarándoles suyos antes de que ellos accedieran a serlo y entró en el «antes».

Dios también dice la verdad sobre nosotros; su plan de redención está en marcha, porque nos ha llamado por nombre. Nuestras decisiones no hacen fracasar las suyas. Lo que vemos cuando nos miramos al espejo no determina lo que ve él, ni las personas que llegaremos a ser por su obra en nosotros y, por ello, nuestro estado caótico no altera sus planes. Tampoco nuestro valor depende de las circunstancias, de otras personas o de nuestras decisiones, sino del que nos asigna aquel a quien pertenecemos.

Por tanto, no hemos de tener temor.

No temas, no eres el que serás. No temas, Dios puede redimir tus decisiones y usarlas para bien. No temas, Dios puede sanar tu corazón, tu cuerpo y tus relaciones personales. No temas, has sido creado para mucho más de lo que has experimentado hasta ahora. No temas, esto es solo el comienzo.

Cada seguidor de Jesús tiene un «antes» no demasiado glorioso. Pero todo seguidor de Jesús tiene también un «después». El pescador pendenciero llegó a ser predicador de los fundamentos de la Iglesia primitiva, sanador de enfermos y cojos y un hombre intrépido hasta el día de su muerte. El dirigente de una religión impersonal llegó a ser amigo personal de Jesús, entendiendo finalmente y siendo transformado por las Escrituras que había dedicado su vida a estudiar. El recaudador de impuestos vendido a los romanos se convirtió en uno de los doce privilegiados apóstoles y autor del primer Evangelio del Nuevo Testamento. ¿Y la mujer? La mujer que era demasiado insignificante para que ni siquiera conozcamos su «antes» era tan valiosa para Jesús que se convirtió en la primera persona a la que se apareció cuando resucitó de los muertos, la primera en escuchar su tierna voz y la primera testigo de la culminación de todo lo que Jesús afirmó ser y hacer; fue ella la comisionada para decírselo a los hombres.

TEMA DE ORACIÓN

Dale gracias al Padre por conocer tu nombre, decirlo e identificarte como suyo. Dale gracias por redimirte de tu «antes», y pídele después que te ayude en los desafíos que aún tienes por delante.

AVANZANDO

o ¿Qué partes de tu «antes» ha redimido Dios y por qué aspectos estás más agradecido?

o ¿Cómo te impacta hoy escuchar: «te puse nombre, mío eres tú»?

o ¿Cuál es tu temor y cómo responde a él la declaración de Dios a sus elegidos en Isaías 43:1?

LIBERTADOS

«Jehová es mi roca y mi fortaleza,
y mi libertador».

2 Samuel 22:2

Todos hemos sido libertados de ciertas cosas. La información veraz y bien explicada nos ha librado de la confusión. El tiempo nos libera de nuestro pasado.

La libertad es un proceso continuo. Nos llega en multitud de formas y grados, desde acontecimientos importantes hasta momentos familiares que se esfuman suavemente. María Magdalena lo sabía por experiencia.

Primero fue liberada de siete demonios. Después, durante los tres años del ministerio de Jesús, fue liberada de todo lo que creía saber. María pasó de ser atormentada constantemente por la oscuridad (Lucas 8:2) a ser iluminada continuamente por Jesús: la luz del mundo. Los escasos detalles sobre su vida antes de Cristo solo sirven para subrayar su liberación: puesto que Jesús la liberó de la muerte, ella le acompañó en la suya. María Magdalena fue una de las pocas personas que estuvo con Jesús hasta el final.

Durante los tres años de su ministerio público se desarrolló una familiaridad entre ellos. María conocía su voz y sus risas. Escuchó atentamente sus enseñanzas. Algunas de sus palabras las comprendió enseguida, pero otras no las entendió plenamente. Se sintió asombrada por la compasión de Jesús hacia los marginados y abatidos, y llegó a ser ferozmente leal a aquel que sanaba a los oprimidos y liberaba a los cautivos. Cada uno de los milagros posteriores de Jesús confirmaba lo que María supo desde el momento en que experimentó el suyo: era el Mesías.

Jesús fue arrestado, los discípulos se dispersaron y María se encontró al pie de la cruz con la mujer que había dado a luz al Mesías.

Tras su crucifixión, María Magdalena fue al sepulcro y vio que la piedra había sido retirada. Jesús —el Mesías, su libertador, maestro y amigo— no estaba allí. Los Evangelios aportan distintos relatos de lo que sucedió a continuación, pero Lucas 24 dice que María se acordó de lo que Jesús le había dicho en Galilea: «El Hijo del Hombre tiene que ser entregado en manos de hombres pecadores, y ser crucificado, pero al tercer día resucitará» (v. 7 NVI). El sentido de aquellas palabras se le había escapado, pero ahora recordó y entendió que también él fue entregado y liberado.

Tras su crucial sacrificio, el Cristo resucitado se apareció primero a esta devota mujer de la que sabemos tan poco. Pero Jesús la conocía. Sabía exactamente de qué y para qué la había liberado. Y allí, frente a la tumba vacía, le dijo que ahora le tocaba a ella. María Magdalena sería la primera en llevar el mensaje más importante de la historia humana: ¡ha resucitado!

TEMA DE ORACIÓN

Dale gracias a Dios porque la entrega de Jesús hizo posible tu liberación, y pídele después que te guíe para llevar las buenas nuevas a otras personas.

AVANZANDO

o Describe *de* qué te ha liberado Cristo.

o ¿De qué formas te identificas con María Magdalena?

o ¿Cuál es el papel *para* el que Cristo te ha libertado?

REPRESENTAR

«Si alguno quiere venir en pos de mí, niéguese a sí mismo, tome su cruz cada día, y sígame. Porque todo el que quiera salvar su vida, la perderá; y todo el que pierda su vida por causa de mí, este la salvará».

LUCAS 9:23-24

Para salvar nuestra vida debemos perderla. No hay duda de que esto es muy paradójico, pero es vital que lo entendamos. Jesús se lo dijo a los discípulos cuando ya lo habían dejado todo para seguirle de pueblo en pueblo. Sacrificaron sus profesiones, hogares y relaciones para seguir al que creían ser el Mesías. La vida que conocían estaba patas arriba, pero aún se les pediría más; Jesús iba a aumentar sus demandas. Él sabía lo que tenían por delante. Sabía que él iba a partir, y ellos se convertirían en columnas de la Iglesia primitiva, encargados de extender la verdad sobre la salvación al mundo, de discipular a las masas y de reivindicar a Cristo a riesgo de encarcelamientos, torturas y la muerte. Perderían sus vidas en la tierra —en sentido figurado y literal— por causa de todo lo que ganarían en el cielo.

Y esto es lo que sucedió porque sus testimonios, sus historias personales de lo que Jesús había dicho y hecho en sus vidas, eran potentes muestras de su amor y poder transformadores. Compartieron el evangelio con una pasión imparable, contagiosa e incesante que, honestamente, parece poco frecuente en nuestros días.

¿Cómo puede ser?

Para empezar, no estaban enamorados de ellos mismos o de sus historias personales. Sus narraciones cristianas no pretendían obtener el máximo beneficio, aprobación o compasión personal… tampoco buscaban clics o *likes*. No se atribuían el papel de héroes, ni detallaban los excesos anteriores a su conversión con jugosas y sensacionalistas anécdotas. Cuando analizamos los ejemplos bíblicos, es sorprendente las pocas palabras que se dedican a sus lamentables pasados; el foco está casi exclusivamente en Jesús.

Toma a María Magdalena. El hecho de que fuera liberada de siete demonios es un aspecto crucial de su testimonio porque muestra la autoridad de Jesús y explica por qué respondió a él del modo que lo hizo. Y después se acabó. Este es todo el detalle que necesitamos saber.

En otras palabras, su autobiografía no se habría titulado *Los años oscuros* con trescientas páginas dedicadas a describir sus monstruos interiores. ¿Sería fascinante? Sin duda. ¿Pero potente y eficaz para glorificar al que la había rescatado? No tanto. La razón por la que conocemos a María justo después de su liberación es que, en este punto, comienza la verdadera historia.

Sabemos otras pocas cosas de ella:

(1) siguió a Jesús y apoyó económicamente su ministerio hasta su crucifixión, lo cual significa que dio todo lo que tenía para seguirle; (2) presenció la dolorosa crucifixión y se mantuvo cerca de Jesús durante sus padecimientos y muerte; y (3) como se ha mencionado en «Libertados», ella fue la primera persona a la que se apareció tras resucitar de los muertos y la enviada para contar a los discípulos la trascendental noticia. Puesto que lo antiguo había muerto y desaparecido, Jesús le había dado nueva vida.

Esto significa que, aunque solo hayas vivido diez minutos como creyente, estos minutos son mucho más relevantes que los veinte, cuarenta u ochenta años de oscuridad anteriores a tu conversión. La razón es que estamos llamados a representar a Jesús y a morir a la vida de la que nos salvó. Cuando hacemos esto, y cuando él se mantiene como héroe de la historia, nuestras palabras y vidas se convierten en potentes demostraciones de su amor y poder transformadores.

TEMA DE ORACIÓN

Dale gracias a Dios por cómo te ha transformado, arrepiéntete de cualquier ocasión en que hayas sido un mal representante de Jesús y pídele que él sea parte de cómo cuentas tu historia.

AVANZANDO

o ¿Se te hace difícil compartir tu testimonio? ¿Por qué sí o por qué no?

o Sé sincero: ¿a quién o a qué representan especialmente tus palabras?

o ¿Qué puedes decir a partir de ahora que subraye más la parte de tu testimonio posterior a Cristo que la anterior?

PALABRAS

> «En el principio era el Verbo, y el Verbo era con
> Dios, y el Verbo era Dios. Este era en el principio
> con Dios. Todas las cosas por él fueron hechas,
> y sin él nada de lo que ha sido hecho, fue hecho.
> En él estaba la vida, y la vida era la luz de los
> hombres. La luz en las tinieblas resplandece,
> y las tinieblas no prevalecieron contra ella».
>
> JUAN 1:1-5

El Verbo era en el principio, antes de los cielos y la tierra, antes de las puestas de sol y del Pacífico, antes de las flores silvestres, las ballenas, las fresas y las pecas. Él era antes de todo ello porque es su creador. El Verbo creó el mundo mediante su palabra, que es quizá la razón por la que a Jesús se le llama Verbo o Palabra. Por medio de sus palabras existió todo lo que conocemos, y también experimentamos luz y conocimiento, curaciones y esperanza. Las palabras que habló Jesús cambiaron el curso de la historia y las vidas de doce hombres muy corrientes.

Los discípulos eran un grupo poco convencional formado mayormente por pescadores, un zelote anarquista y un recaudador de impuestos ladrón, que no habrían inspirado mucha simpatía. Formaban un variopinto grupo de hombres toscos, campechanos, de aspecto descuidado y de perfiles imprecisos. Eran ruidosos, orgullosos, avariciosos, desconfiados, escépticos e independientes, o una combinación de todas estas cosas, y por ello es sorprendente que hombres así respondieran sin titubear a las sencillas palabras de Jesús en Marcos 1:17: «Venid en pos de mí».

> Andando junto al mar de Galilea, vio a Simón y a Andrés su hermano, que echaban la red en el mar; porque eran pescadores. Y les dijo Jesús: Venid en pos de mí, y haré que seáis pescadores de hombres. Y dejando luego sus redes, le siguieron. Pasando de allí un poco más adelante, vio a Jacobo hijo de Zebedeo, y a Juan su hermano, también ellos en la barca, que remendaban las redes. Y luego los llamó; y dejando a su padre Zebedeo en la barca con los jornaleros, le siguieron (vv. 16-20).

¡Pero esto qué es! ¿Lo dejaron todo para seguirle así, sin más? Tenemos un poco más de contexto con respecto a Simón Pedro y Andrés en Lucas 5:1-11. Jesús había llevado a cabo un milagro inmediatamente antes de su audaz petición. Pero, aun así, lo que Jesús les pidió era una locura. Esto me lleva a pensar que estas palabras sonaron diferentes en boca de Jesús que en la de cualquier otra persona que no fuera el Verbo. «En él estaba la vida, y la vida era la luz de los hombres. La luz en las tinieblas resplandece, y las tinieblas no prevalecieron contra ella» (Juan 1:4-5).

Por extraño que parezca abandonar todo lo familiar por algo que es completamente desconocido, este cambio les pareció, de algún modo, sensato y lógico. Si Jesús es vida, entonces sus palabras trascienden las circunstancias y traspasan barreras. Iluminan rincones oscuros, eliminando el temor, la duda y la autopreservación. Aportan claridad y elevan nuestra comprensión de lo que es real, cierto e importante. Nos llevan de ignorar totalmente nuestro propósito a ver en neón que nuestra sola razón de ser es seguir a aquel que pronunció la palabra que nos dio la vida.

Los discípulos abandonaron todo lo que tenían para seguir a Jesús cuando les llamó. Durante tres años se sentaron a sus pies y le escucharon enseñar y orar. Le observaron cuando recibía a los niños y honraba al más pequeño de ellos. Le oyeron bromear, se rieron con él y le vieron respetar a su madre. Presenciaron cómo sanaba a los enfermos, defendía la casa de su Padre y corregía a los que pretendían ser superiores moralmente. Con palabras.

Y se sintieron impotentes ante su silencio camino de la cruz. Así que, aquellos doce hombres corrientes que, al principio, vivían y hablaban superficialmente y sin propósito, llegaron a ser tan cambiados por las palabras de Jesús que las llevaron con increíble audacia hasta lo último de la tierra.

TEMA DE ORACIÓN

Dale gracias al Padre por las palabras que más han impactado tu vida, como por ejemplo tu versículo preferido. Renueva tu compromiso con él de leer su Palabra y compartirla con los demás.

AVANZANDO

o Describe tu primer momento «Sígueme» con Jesús.

o ¿Cuáles son las palabras de Jesús que más aprecias?

o ¿Cómo puedes hacer que tus palabras (especialmente en los medios de comunicación social) sean más como las de Cristo?

RENEGADO

«Aquella luz verdadera, que alumbra a todo hombre, venía a este mundo. En el mundo estaba, y el mundo por él fue hecho; pero el mundo no le conoció. A lo suyo vino, y los suyos no le recibieron. Mas a todos los que le recibieron, a los que creen en su nombre, les dio potestad de ser hechos hijos de Dios; los cuales no son engendrados de sangre, ni de voluntad de carne, ni de voluntad de varón, sino de Dios».

JUAN 1:9-13

Él venía. Como en una película.

Esta es la premisa de muchos grandes wésterns: en un periodo desolador, en un lugar apartado, se construye el escenario para el surgimiento de un héroe inverosímil; solo que, en lugar de un pistolero montado a caballo para salvar al pueblo (y a la dama), era Jesús que venía a salvar al mundo.

Pero el mundo no lo conoció.

Piensa en esto. El Dios creador andando entre sus criaturas para salvarlas y ellas sin enterarse de nada. Pero ¿por qué? En primer lugar, él era demasiado normal como para hacerse notar: «no hay parecer en él, ni hermosura; le veremos, mas sin atractivo para que le deseemos» (Isaías 53:2). En segundo lugar, era demasiado pobre para impresionar. Según la ley, el sacrificio prescrito para hacer expiación del pecado era un cordero, a no ser que alguien fuera demasiado pobre para permitirse tenerlo o comprarlo, en cuyo caso podía ofrecer dos tórtolas o dos pichones de paloma: «Y cuando se cumplieron los días de la purificación de ellos [de María y José], conforme a la ley de Moisés, le trajeron [a Jesús] a Jerusalén para presentarle al Señor [...] y para ofrecer conforme a lo que se dice en la ley del Señor: Un par de tórtolas, o dos palominos» (Lucas 2:22, 24). Tercero, Jesús era de Nazaret, un pueblo tan pequeño y recóndito que se consideraba una localidad inculta, provinciana y atrasada: «Felipe halló a Natanael, y le dijo: Hemos hallado a aquel de quien escribió Moisés en la ley, así como los profetas: a Jesús, el hijo de José, de Nazaret. Natanael le dijo: ¿De Nazaret puede salir algo de bueno? Le dijo Felipe: Ven y ve» (Juan 1:45-46).

Vino a los suyos, y no le recibieron.

Aunque Jesús creció en Nazaret, no se quedó a vivir en esa ciudad. Cuando afirmó ser el Mesías, le rechazaron y le llevaron fuera del pueblo, a un lugar desierto. «Al oír estas cosas, todos en la sinagoga se llenaron de ira; y levantándose, le echaron fuera de la ciudad, y le llevaron hasta la cumbre del monte sobre el cual estaba edificada la ciudad de ellos, para despeñarle. Mas él pasó por en medio de ellos, y se fue» (Lucas 4:28-30).

Pero a todos los que le recibieron…

A *todos*. La fe era el único requisito para tener una relación con Jesús. No era necesario tener una determinada posición social, edad, raza, género, educación o historial de buena conducta; cuanto mayor era la transgresión, mayor era el perdón. Jesús recibía a los pobres y a los ricos, a los inteligentes y a los menos dotados. De hecho, cruzó todos los límites culturales, políticos y sociales en su búsqueda de todas las personas: «Ya no hay judío ni griego; no hay esclavo ni libre; no hay varón ni mujer; porque todos vosotros sois uno en Cristo Jesús» (Gálatas 3:28).

Les dio el derecho de ser hijos de Dios.

A través de Jesús, reclamamos el territorio celestial como propio, con todos sus derechos y riquezas. Jesús se convierte en nuestro hermano y Dios en nuestro Padre. «Pero anhelaban una [patria] mejor, esto es, celestial; por lo cual Dios no se avergüenza de llamarse Dios de ellos; porque les ha preparado una ciudad» (Hebreos 11:16).

De modo que sí, era difícil reconocer a Jesús como el Mesías, el héroe; lo era especialmente por su apariencia, por su forma de actuar y por el grupo con el que decidió relacionarse de manera especial. Pero aquellos que lo hicieron, los que siguieron al renegado cuando sus ojos fueron abiertos, obtuvieron la recompensa. Y lo mismo sucede con nosotros; con él nos convertimos en renegados: con Jesús, a por todas.

TEMA DE ORACIÓN

Adora al Padre y al Hijo por sus características singulares y pídele a Dios que te dé fuerzas y valor para proclamar con orgullo que sigues a un renegado.

AVANZANDO

o ¿Qué es lo que más te sorprende del modo en que Jesús comenzó sus años de ministerio?

o Jesús extendió constantemente su mano a todo tipo de personas. ¿De qué formas tienes que ser más como él en esto? ¿A qué tipos de persona te cuesta más acoger?

o ¿De qué formas eres un renegado por Jesús? ¿De qué formas tienes que serlo más?

REDENCIÓN

«Pues la ley por medio de Moisés fue dada, pero la
gracia y la verdad vinieron por medio de Jesucristo.
A Dios nadie le vio jamás; el unigénito Hijo, que está
en el seno del Padre, él le ha dado a conocer».

JUAN 1:17-18

El Antiguo Testamento está lleno de eventos extraños:
relatos de peces que engullen hombres, un diluvio que
reinició la vida en la tierra, una sección de instrumentos
de viento que derribó los muros de una ciudad, por
solo nombrar algunos. Y hay muchos más de este estilo.
Algunos relatos están tan fuera de la norma que resultan
difíciles de imaginar. Y a veces es incluso más difícil
discernir el propósito de Dios que subyace tras ellos, al
menos a primera vista. Esta es la razón por la que leer sobre
Jesús es una bendición tan grande. Muchísimo de lo que

Dios hizo en el Antiguo Testamento cobra sentido cuando conocemos las cosas que Jesús hizo y dijo en el Nuevo.

Tomemos el relato del pez. Dios quería salvar a los habitantes de la perversa y triste ciudad de Nínive, pero su portavoz no quería cumplir con la tarea. Dios no dejó que Jonás navegara en sentido contrario: hizo que los marineros le arrojaran al mar y que el monstruo marino le tragara y le llevara de vuelta a Nínive. Jonás estuvo tres días y tres noches en el vientre del pez: el mismo tiempo que Jesús estuvo en el sepulcro. Una vez «resucitado» (es decir, vomitado en la playa), Jonás entregó el divino mensaje de arrepentimiento y redención; y los ninivitas creyeron. El relato de la salvación de Nínive fue una representación, un anuncio de lo que sucedería en la cruz: (1) la humanidad se rebeló contra Dios, (2) Dios abrió un camino milagroso para restaurar la justicia y (3) Dios impartió gracia a las personas que creyeron.

Después tenemos a Noé. Dios le pidió que construyera la nave más grande de todos los tiempos, un barco tan enorme que era imposible transportarlo hasta un hipotético muelle; era el agua la que tenía que llegar hasta el arca. Y Noé soportó las implacables burlas de todos los escépticos y rebeldes que le observaban. Esto sucedió hasta que vino la lluvia, inundando la tierra y barriendo a todos los seres vivientes que *no* estaban en el arca. El relato de la salvación de Noé fue otra prefiguración de lo que sucedería en la cruz:

(1) la humanidad se rebeló contra Dios, (2) Dios abrió un camino milagroso para restaurar la justicia y (3) Dios impartió gracia a las (ocho) personas que creyeron.

Y no nos olvidemos de Jericó, una ciudad fortificada que se interponía entre los israelitas y la tierra que Dios les había prometido. Dios pidió a los israelitas que conquistaran Jericó rodeando el perímetro del muro durante siete días mientras tocaban las trompetas, que son quizá los menos intimidatorios de todos los cuernos; pero me estoy apartando del tema. El séptimo día, Dios hizo que las murallas de la ciudad se vinieran abajo, y mandó matar a todos sus pobladores con excepción de un pequeño remanente de personas que habían creído. Una vez más, el relato de la salvación de Israel se convirtió en una ilustración de lo que iba a suceder en la cruz: (1) la humanidad se rebeló contra Dios, (2) Dios abrió un camino milagroso para restaurar la justicia y (3) Dios impartió gracia a los que creyeron.

Este patrón de tres puntos puede observarse en la mayoría de los relatos veterotestamentarios, pero, a veces, estas florituras sobrenaturales no nos dejan ver el meollo del asunto, y es que, desde la creación de la tierra hasta ahora, y desde ahora hasta el fin del mundo que conocemos, Dios está escribiendo una historia de rescate y redención. Y Jesús —el Creador del mundo, el que susurra a las nubes para que esparzan la nieve, el que talló el monte Everest y el Gran Cañón, cartografió las galaxias y colgó todas las estrellas— se introdujo en este relato. Adoptó nuestra humanidad y (1) permitió que nos rebeláramos contra él, (2) nos ofreció un milagroso camino de restauración y (3) dio su gracia a todos los que creen.

Y puesto que Jesús nos restauró, mostrándonos quién era Dios y qué estaba haciendo, podemos aprender del Antiguo Testamento, pero ya no tenemos que repetirlo. «A Dios nadie le vio jamás; el unigénito Hijo, que está en el seno del Padre, él le ha dado a conocer» (Juan 1:18).

TEMA DE ORACIÓN

Dale gracias a Dios por su historia de la redención; pídele después que se siga revelando en todas las áreas en que le estás buscando.

AVANZANDO

o ¿Cuál es el sentido del patrón en tres puntos que Dios sigue en el Antiguo Testamento?

o ¿Qué te revela el sacrificio del Hijo en la cruz acerca de Dios Padre?

o ¿Cómo puedes vivir de manera práctica la gratitud por la gracia que ya se te ha dado por tu rebelión?

DUDA

«Y se le apareció un ángel del Señor puesto en pie a
la derecha del altar del incienso. Y se turbó Zacarías
al verle, y le sobrecogió temor. Pero el ángel le dijo:
Zacarías, no temas; porque tu oración ha sido oída, y tu
mujer Elisabet te dará a luz un hijo, y llamarás su nombre
Juan. Y tendrás gozo y alegría, y muchos se regocijarán
de su nacimiento; porque será grande delante de Dios.
No beberá vino ni sidra, y será lleno del Espíritu Santo,
aun desde el vientre de su madre [...]. Dijo Zacarías al
ángel: ¿En qué conoceré esto? Porque yo soy viejo, y mi
mujer es de edad avanzada. Respondiendo el ángel, le
dijo: Yo soy Gabriel, que estoy delante de Dios; y he sido
enviado a hablarte, y darte estas buenas nuevas.
Y ahora quedarás mudo y no podrás hablar, hasta el día
en que esto se haga, por cuanto no creíste mis palabras,
las cuales se cumplirán a su tiempo».

LUCAS 1:11-15, 18-20

Periodista: : Zacarías, usted ha sido sacerdote durante muchos años. Se ha dicho que usted y su esposa, Elisabet, son justos delante de Dios y que observan sus mandamientos y decretos de manera irreprensible. ¿Por qué, pues, le fue tan difícil creer a Gabriel cuando le anunció que tendrían un hijo?

Zacarías: En primer lugar, la aparición de un ángel es una experiencia completamente aterradora. Además, yo me encontraba en el templo realizando oficialmente mi tarea sacerdotal. La última cosa que esperaba es tener un encuentro personal con el arcángel Gabriel.

Periodista: Su duda, pues, ¿fue por la naturaleza personal del mensaje?

Zacarías: ¡Por supuesto! Me tomó por sorpresa. Además, Elisabet y yo éramos ya viejos, bien pasada la edad de poder ser padres.

Periodista: ¿Pero no se acordaba de la historia de Abraham y Sara? ¿O de Ana, Rebeca o Raquel? ¿O de otras mujeres estériles que fueron objeto de la milagrosa intervención de Dios?

Zacarías: Lo que recuerdo es que habíamos orado mucho por un hijo. Durante muchos años Elisabet y yo se lo suplicamos a Dios. Oramos con gran fe. Esperamos una respuesta. Confiamos. Fue algo que hicimos durante varias décadas.

Periodista: : Y no hubo respuesta.

Zacarías: Y no hubo respuesta. Después se nos pasó la edad, y con mucha tristeza aceptamos que eso era lo que quería Dios.

Periodista: ¿Fue, entonces, el anuncio de Gabriel más doloroso que esperanzador?

Zacarías: La esperanza puede ser dolorosa, o al menos eso pensaba. Gabriel dijo que mis oraciones habían sido escuchadas, y que Elisabet daría a luz un hijo y que teníamos que llamarle Juan. Un hijo que nos traería gran gozo y deleite y que prepararía al pueblo para el Señor. Fue algo verdaderamente increíble. Un milagro. Yo sé que Dios es fiel. Lo sé. Y, sin embargo, tenía dudas. Dudé de que hubiéramos sido escogidos.

Periodista: ¿Cuál fue su respuesta?

Zacarías: Le pregunté a Gabriel cómo podía estar seguro porque, ya sabe, ¡éramos tan viejos! ¡Como si Dios no lo supiera! Ahora me doy cuenta de que fue una pregunta ridícula.

Periodista: Supongo que, dadas las circunstancias, la mayoría de las personas pueden identificarse con usted.

Zacarías: Gracias, pero no deberían. Le pregunté a un arcángel enviado por Dios cómo podía estar seguro de lo que me decía. ¿En qué estaba pensando? ¿Cómo no me puse de rodillas y alabé a Dios en aquel mismo instante? Merezco lo que sucedió después.

Periodista: ¿Perder la facultad del habla?

Zacarías: Sí. Por mi desastrosa incredulidad, no pude volver a hablar hasta que nació mi hijo. Cuando finalmente pude hacerlo comencé, inmediatamente, a alabar a Dios (que es lo que debería haber hecho en un principio).

Periodista: ¿Qué le gustaría decirnos, en vista de esta experiencia?

Zacarías: Muy sencillo. Arrepiéntete y cree. Dios te escogió y quiere utilizarte, aunque pienses que es demasiado tarde o imposible. Deja que Dios sea Dios. Confía en él y cree.

Eres elegido.

TEMA DE ORACIÓN

Reconoce delante de Dios alguna área de tu vida en la que has endurecido tu corazón y determina vivir rendido y abierto a cualquier cosa que él quiera hacer.

AVANZANDO

- o Menciona algo que le has pedido repetidamente a Dios.

- o ¿Te cuesta creer que Dios escucha tus oraciones?

- o Menciona algunas cosas audaces que puedes pedirle a Dios que haga en tu vida.

ESPERANZA

«Así que nos regocijamos en la esperanza de alcanzar
la gloria de Dios. Y no solo en esto, sino también
en nuestros sufrimientos, porque sabemos que el
sufrimiento produce perseverancia; la perseverancia,
entereza de carácter; la entereza de carácter,
esperanza. Y esta esperanza no nos defrauda,
porque Dios ha derramado su amor en nuestro
corazón por el Espíritu Santo que nos ha dado».

Romanos 5:2-5 NVI

Periodista: Elisabet, dígame, por favor, qué se le pasó
por la mente cuando Zacarías volvió del templo e
intentó transmitirle lo que Gabriel le había dicho.

Elisabet: Evidentemente, me quedé estupefacta
de que no pudiera hablar. Era obvio que había pasado
algo importante, pero no tenía ni idea de lo que había

sido… ni de por qué era incapaz de contármelo. Así que fui enseguida a buscar la tablilla de escribir.

Periodista: ¿Y cuando leyó lo que había pasado?

Elisabet: ¡Madre mía! ¡Me puse a llorar de alegría! ¿Cómo podía ser? Me sentí completamente sobrecogida por la bondad de Dios y por su favor para con nosotros.

Periodista: Su marido le hizo la misma pregunta a Gabriel, solo que no en una actitud exactamente de asombro y reverencia. ¿Se sintió usted decepcionada por la incredulidad inicial de Zacarías?

Elisabet: Zacarías es un buen hombre, un hombre justo, pero sé por experiencia que la esperanza que se demora es tormento del corazón. No me sentí decepcionada por él, sino identificada con su dolor.

Periodista: ¿Seguía usted teniendo esperanza?

Elisabet: Tenía el deseo de tener un hijo, pero mi esperanza siempre ha estado en el Señor. Pienso en todas las veces que Zacarías y yo hemos orado por un hijo durante todos esos años de dolorosa esterilidad, sin saber que todos los detalles de la concepción, nacimiento y vida de Juan habían sido ya planeados.

Periodista: ¿Cómo respondió usted a la noticia de que su hijo sería el mensajero que, con la fuerza de Elías, proclamaría la llegada del Mesías?

Elisabet: Me sigo sorprendiendo de las muchas veces que leímos acerca de «aquel que clama en el desierto», durante muchos años, sin saber que sería nuestro hijo.

Caí de rodillas asombrada y maravillada de la gracia del Señor para con nosotros. Me sentí totalmente abrumada por la alegría y la gratitud. Durante los primeros cinco meses de mi embarazo estuve recluida, paladeando el milagro que se estaba produciendo dentro de mí… y lo que significaría para el pueblo de Dios. Él me escogió para esto. ¡Me eligió a *mí*!

Periodista: ¿Por qué cree usted que las cosas sucedieron de este modo?

Elisabet: No cabe duda de que la vida de Juan fue formada para cumplir las promesas que Dios hizo por medio de sus santos profetas. Pero ¿por qué yo? ¿Por qué fui yo escogida para ser su madre? Solo Dios lo sabe. Creo que él quería dejar especialmente claro que *todo era obra suya*. Que nada es imposible para Dios. Nuestra pequeña familia milagrosa es una prueba de ello. Y puesto que nadie puede negarlo, nosotros nos regocijamos todavía más en la esperanza de la gloria de Dios.

Fuimos elegidos.

TEMA DE ORACIÓN

Sé valiente y pídele a Dios que no alivie las circunstancias difíciles o las largas esperas de su respuesta, sino que te cambie por medio de estas cosas.

AVANZANDO

o ¿Qué sufrimiento has experimentado que ha producido en ti perseverancia, carácter y esperanza?

o ¿Cuál fue la evidencia de tu crecimiento espiritual?

o ¿Alguna vez has llorado pensando en la bondad y el favor de Dios? Describe estas circunstancias.

REINICIO

«Juan les respondió diciendo: Yo bautizo con agua; mas en medio de vosotros está uno a quien vosotros no conocéis. Este es el que viene después de mí, el que es antes de mí, del cual yo no soy digno de desatar la correa del calzado».

JUAN 1:26-27

Juan el Bautista era todo un personaje. Predicaba fuera de la ciudad, proclamando la venida del Mesías a quien los judíos habían estado esperando con expectación. Todo él hablaba a gritos de *desierto*. Era desaliñado y tosco, vestía con pieles de camello y comía insectos, y reprendía por sus pecados a multitudes de toda condición social. Tanto recaudadores de impuestos como soldados y líderes religiosos eran igualmente destinatarios de su mensaje de arrepentimiento. Pero a pesar de su beligerancia y de su aspecto poco convencional, el pueblo iba a escucharle en masa y le seguían, literalmente, al desierto para que les bautizara.

De hecho, los israelitas estaban muy familiarizados con la vida en el desierto; su historia estaba llena de episodios en que este había sido el escenario. Noé y su familia fueron los únicos supervivientes del diluvio que lo destruyó todo, por ello, cuando salieron del arca, lo hicieron al desierto de un nuevo mundo (Génesis 8:15-17). Dios le pidió a Abraham que lo dejara todo y se adentrara con él en el desierto al hogar que le mostraría (12:1). Moisés liberó a los israelitas de su esclavitud en Egipto y los llevó al desierto que recorrerían durante cuarenta años antes de llegar a la tierra prometida (Éxodo 13:17-22).

Y el desierto fue siempre como un pulsador de reinicio que decía: *La vida como la conocéis ha terminado; ha comenzado algo nuevo.*

El mensaje de Juan desde el desierto era claro: *Arrepentíos porque el Salvador del mundo está ya entre vosotros.* ¡Qué mensaje tan inquietante y maravilloso! Creo que consiguió su impresionante propósito. No hay duda de que las gentes abrían los ojos como platos y preguntaban: «Pero ¿tú quién eres? ¿El Mesías? ¿Elías? ¿Alguna otra persona superimportante con la que deberíamos entusiasmarnos?». Pero Juan era simplemente el tipo que pulsaba la tecla de reinicio en el desierto, y quería estar seguro de que el pueblo lo entendía bien.

Yo no soy el Mesías, de hecho, ni siquiera soy digno de tocar sus sandalias.

No pasaría mucho tiempo antes de que Jesús surgiera de la multitud, predicando un evangelio radicalmente distinto del que esperaban, llamando al pueblo a dejarlo todo y a seguirle en el camino que iba a mostrarles, rescatándoles de la esclavitud al pecado y dándoles acceso por la fe a la tierra prometida del cielo. Y aunque no acabó con el tiempo de ocupación romana de la forma que esperaban que lo hiciese el Mesías, Jesús enderezó, sin duda, el camino en el desierto.

Y con su llegada, lo nuevo había comenzado.

TEMA DE ORACIÓN

Pídele a Dios que te revele cuándo puedes necesitar un reinicio y exprésale después tu disposición a ir al desierto si es necesario.

AVANZANDO

o Describe un periodo de tu vida en que experimentaste el desierto. ¿Cómo se manifestó Dios en esta situación?

o ¿Cómo afectan las palabras «en medio de vosotros» la forma en que ves a Jesús?

o ¿Qué cosa nueva está haciendo Dios en tu vida y corazón ahora mismo?

PROBADOS

«Él es la imagen del Dios invisible, el primogénito de toda creación. Porque en él fueron creadas todas las cosas, las que hay en los cielos y las que hay en la tierra, visibles e invisibles; sean tronos, sean dominios, sean principados, sean potestades; todo fue creado por medio de él y para él. Y él es antes de todas las cosas, y todas las cosas en él subsisten».

COLOSENSES 1:15-17

Todas las cosas fueron creadas por medio de Jesús. Y los elementos que configuraron su prueba en el desierto no fueron una excepción. Mateo 4:1 establece el escenario: «Entonces Jesús fue llevado por el Espíritu al desierto, para ser tentado por el diablo». En el acto se nos pone al tanto de quién tiene el control de la situación.

La palabra «entonces» connota tiempo, como lo hace también la frase «cuarenta días y cuarenta noches». Miles de años antes de ser milagrosamente concebido en el tiempo, Jesús lo creó. Antes de su encarnación, el Hijo trascendía todas las leyes y dimensiones físicas que rigen este mundo; después, Jesús dejó a un lado la omnipresencia y se entregó al vasallaje del tiempo.

En el principio, Jesús creó el desierto de Judea. Dio existencia al terreno rocoso, profundos barrancos, yermas laderas y escasa vegetación de aquella zona. Cuando delimitaba los fundamentos de la tierra, registró las coordenadas exactas de este lugar y periodo de su sufrimiento. Jesús puso a un lado la opulencia y se entregó a aquel paisaje desolado y abrasador.

El cuerpo que Jesús habitaba fue creado. Él mismo diseñó su envoltorio humano. Desarrolló su respiración celular, reacciones metabólicas y energía bioquímica, sabiendo cómo responderían estos complejos sistemas a su voluntaria privación. Jesús estaba experimentando fisiológicamente lo que había diseñado de forma sobrenatural. Dejó a un lado la perfección celestial y se entregó al agotamiento físico.

Incluso su tentador fue creado. Dios creó a Satán como Lucifer, un ángel de alto rango, quien se rebeló y fue arrojado a la tierra, donde ha operado como el diablo desde entonces. Queda sin explicar cómo llegó Satanás a ser un ser perverso; Dios ha creído conveniente dejar este aspecto en el misterio. Pero lo que deja claro la prueba en el desierto es que nada puede frustrar los propósitos de Dios: ni el tiempo, ni las circunstancias angustiosas ni, menos aún, Satanás. Por causa de nuestra elección, Jesús pone toda la oposición en su lugar, literalmente. Entonces él fue guiado por el Espíritu a rendirse a la voluntad del Padre.

Los discípulos fueron puestos a prueba, como lo fueron también los líderes religiosos y Pilato, y como lo somos nosotros. No podemos saber de antemano cómo hemos de responder, y el éxito o el fracaso no los decidimos nosotros. Pero no te quepa duda: las pruebas no son algo accidental.

TEMA DE ORACIÓN

A nadie le gustan las pruebas. Pídele a Dios no solo que te ayude a soportarlas, sino a hacer de ellas instrumentos para crecer y acercarte más a él.

AVANZANDO

o ¿Crees que Dios ha diseñado todos los elementos que forman tus pruebas? Explica por qué sí o por qué no.

o ¿Cuál es la prueba más difícil a la que has tenido que rendirte?

o Menciona algunas cosas que te ayudarán a sobrellevar mejor la prueba, sea que la estés viviendo en este momento o esté todavía por venir.

PROCLAMAR

«El Espíritu del Señor está sobre mí,
por cuanto me ha ungido para dar buenas nuevas
a los pobres;
me ha enviado a sanar a los quebrantados de corazón;
a pregonar libertad a los cautivos,
y vista a los ciegos;
a poner en libertad a los oprimidos;
a predicar el año agradable del Señor».

Lucas 4:18-19

Muchos han dicho que Jesús nunca pretendió ser Dios. Afirman que fue un hombre bueno y un gran maestro, una persona humanitaria y un ejemplo a seguir, pero que nunca pretendió ser más que esto, y que fueron sus seguidores quienes añadieron la cuestión de su divinidad.

Erróneo.

Considera, por ejemplo, esta escena de la sinagoga en Nazaret, su ciudad natal. Como siempre había hecho, un sábado Jesús se dirigió a la sinagoga y se ofreció para leer en el rollo del profeta Isaías. Encontró el lugar en que se escribió el texto del encabezamiento de esta reflexión (escrito en el siglo octavo a. C. sobre la venida Mesías) y lo leyó en voz alta. Después se sentó y dijo: «Hoy se ha cumplido esta Escritura delante de vosotros» (v. 21).

Humm... ¿Cómo dices?

¡Qué chocante habría sonado esta afirmación a los asistentes de aquella reunión! Jesús había crecido en aquel pueblecito, se había sentado a los pies de los rabinos, jugado con los niños en la calle, tallado madera con su papá, y —según la Biblia— no estaba por encima de lo normal en ninguna forma visible.

Y durante los treinta años de vida de Jesús (además de los cuatrocientos anteriores), el pueblo esperó con expectación al Mesías: alguien que sería rey y les liberaría del opresivo gobierno romano. Al menos, esto era lo que todo el mundo asumía que sería y haría el Mesías. Pero malentendieron las profecías.

Para dar buenas nuevas a los pobres.

Jesús vino predicando el cielo, sus riquezas, su belleza, su infinitud y su disponibilidad. Su mensaje era que la vida es más que lo que vemos; más, para aquellos que viven literalmente marginados y para quienes sienten la pobreza de sus almas.

A pregonar libertad a los cautivos.

Jesús no era un libertador político, sino espiritual. Él vino a proclamar libertad del pecado que esclaviza y de todas sus consecuencias eternas.

Y vista a los ciegos.

Aunque Jesús sanó a personas de su ceguera física, estas sanidades eran solo una ilustración de lo que era necesario espiritualmente. Jesús vino para abrir los ojos y corazones de las personas a su pecado y a su necesidad de ayuda y misericordia y al deseo y capacidad que él tenía para restaurarles.

A predicar el año agradable del Señor.

Jesús y el don de la salvación que ofrecía expresaban el favor de Dios hacia nosotros: un mundo desesperadamente necesitado de él.

Jesús era, sin duda, un buen hombre y un gran maestro, amable, amoroso, inclusivo y todo esto. Pero también declaró cumplir las profecías del Antiguo Testamento sobre aquel que vendría a salvar el mundo. Y aquel sábado, en su tranquila ciudad natal, lo proclamó de un modo que *nadie* pasó por alto.

¿El Mesías del que tantos siglos lleváis predicando en vuestras sinagogas?

Soy yo.

TEMA DE ORACIÓN

Dale gracias a Dios por su tierna empatía hacia los oprimidos, pídele su mismo corazón y, después, que te dé valor para proclamar las buenas nuevas con la misma valentía que Jesús.

AVANZANDO

o ¿Qué cualidades del carácter de Jesús te llaman la atención en este relato?

o ¿Por qué crees que Jesús comenzó sus tres años de ministerio con esta manifestación pública en su ciudad natal?

o ¿De qué formas puedes expresar este mismo amor por aquellos que Jesús vino a buscar como indican las profecías?

RECHAZADO

«Y añadió: De cierto os digo, que ningún profeta
es acepto en su propia tierra [...]. Al oír estas
cosas, todos en la sinagoga se llenaron de ira; y
levantándose, le echaron fuera de la ciudad, y le
llevaron hasta la cumbre del monte sobre el cual
estaba edificada la ciudad de ellos, para despeñarle.
Mas él pasó por en medio de ellos, y se fue».

Lucas 4:24, 28-30

Como dice el refrán popular basado en este texto: «Nadie
es profeta en su tierra». Esto significa que cuando Jesús
visitó su pueblo natal las cosas no fueron muy bien.
Asistió a la sinagoga y se ofreció voluntario para leer.
Cuando volvió a su asiento y dijo: «Hoy se ha cumplido
esta Escritura delante de vosotros» (Lucas 4:21), pareció
que, en cierto modo, lo aceptaban. Jesús era amable,

raro pero amable, de modo que «todos daban buen testimonio de él» (v. 22).

Pero Jesús no les devolvió el favor. Conociendo sus corazones, respondió: «les aseguro que a ningún profeta lo aceptan en su propia tierra» (v. 24 NVI). Fue un comentario incisivo, seguido de un recordatorio de que Elías y Eliseo no fueron enviados a sanar a su pueblo, porque habría sido una pérdida de tiempo.

¡Uf! Lo que Jesús dijo, de hecho, a aquella multitud de su ciudad natal fue que tenían el mismo problema que sus antepasados del Antiguo Testamento. Y ellos perdieron los papeles, hasta el punto que quisieron matarle. Con una mínima provocación de aquel que habían conocido por espacio de treinta años, los nazarenos se sintieron tan terriblemente ofendidos e indignados que llevaron a Jesús a un monte de las afueras para despeñarlo. Querían matar al hijo de María y José.

¿Exagerado? Sí. ¿Esperado? ¡Ya lo creo! Aquel día Jesús había leído las palabras del profeta Isaías, que proclamaba al Mesías venidero y la respuesta que suscitaría su presencia en la humanidad: sería «despreciado y desechado» (Isaías 53:3).

Triste.

Aquellas personas conocían a Jesús. Habrían tenido que sentir un gran temor y asombro por el poder y autoridad de Dios que tan claramente se manifestaban en él. ¿Qué otra cosa podía ser? Jesús era el carpintero que creció con ellos, y ahora estaba predicando y sanando por todas partes. Pero tendemos a rechazar cualquier cosa o persona que represente un gran cambio de comprensión o perspectiva, aunque proceda de alguien familiar (¡*especialmente* si procede de alguien familiar!). La idea de que lo que creían saber podía ser erróneo les era tan incomprensible como que alguien pueda cambiar de opinión en una discusión de Facebook. De modo que endurecieron el corazón, le odiaron e intentaron arrojarlo por un precipicio.

Al hacerlo, cumplieron la profecía del Antiguo Testamento: «Despreciado y rechazado por los hombres, varón de dolores, hecho para el sufrimiento. Todos evitaban mirarlo; fue despreciado, y no lo estimamos» (Isaías 53:3 NVI). ¡Qué ironía!

TEMA DE ORACIÓN

Pídele a Dios que te dé la humildad necesaria para escuchar la verdad, así como la sabiduría y la claridad para saber responder debidamente.

AVANZANDO

o ¿De quién es más probable que aceptes un consejo piadoso: de un buen amigo o de un conocido? ¿Por qué sí o por qué no?

o ¿Qué fue lo que hizo que las personas menospreciaran y rechazaran a Jesús? ¿Qué es lo que te hacía rechazarle antes de tu conversión?

o ¿Cuándo fue la última vez que cambiaste tu punto de vista o te diste cuenta de que estabas equivocado en algo importante? (Nota: si no lo recuerdas, podría ser un indicador de que tienes que trabajar en ello).

DÍA 13

AUTORIDAD

«Descendió Jesús a Capernaum, ciudad de Galilea; y les enseñaba en los días de reposo. Y se admiraban de su doctrina, porque su palabra era con autoridad».

LUCAS 4:31-32

En el tiempo de Jesús, la autoridad estaba limitada a un grupo reducido y selecto. Los judíos tenían un sistema religioso que no solo gobernaba sus lugares de adoración, sino que determinaba también las leyes políticas, culturales y sociales. Los líderes religiosos tenían autoridad para decirles a todos los demás cómo tenían que vivir porque eran la clase gobernante de Israel. Los sumos sacerdotes tenían la responsabilidad de interpretar la ley de Moisés y decidían también lo que era delito y, a menudo, aplicaban los castigos, a veces en medio de la calle. No se concedía la posibilidad de apelar a un estamento más elevado porque ellos eran los amos del cotarro. Puedes, pues, imaginar lo desagradable que fue que el hijo de un carpintero pusiera patas arriba su maquinaria de gobierno y, por si fuera poco, a la gente le encantaba.

Entrando en un sistema tan rígido, no le sería difícil a Jesús darse a conocer. «Al ponerse el sol, todos los que tenían enfermos de diversas enfermedades los traían a él; y él, poniendo las manos sobre cada uno de ellos, los sanaba» (Lucas 4:40). No hay duda de que las curaciones atraían a las multitudes a Jesús, pero la Biblia afirma repetidamente que se sentían también asombrados por la autoridad con que hablaba, y que la gente venía de todas partes para escucharle.

¿Cómo debe sonar una persona para suscitar asombro y temor? La frase «hablaba con autoridad» es una observación muy específica que, sin embargo, la gente hacía repetidamente. Y, alerta de *spoiler*, su forma de hablar fue lo que finalmente le llevó a la muerte. Los gobernantes religiosos tenían terror ante la posibilidad de perder su poder, y solo alguien con una autoridad mayor que la suya podía constituir una amenaza.

Lucas 20:1-2 consigna uno de estos enfrentamientos: «Sucedió un día, que enseñando Jesús al pueblo en el templo, y anunciando el evangelio, llegaron los principales sacerdotes y los escribas, con los ancianos, y le hablaron diciendo: Dinos: ¿con qué autoridad haces estas cosas? ¿o quién es el que te ha dado esta autoridad?».

Los judíos querían entender de dónde procedía la autoridad que emanaba de Jesús. *¿Quién te la dio? ¿Quién te enseñó a hablar así? ¿Qué te da derecho a entrar en nuestro territorio y enseñar a nuestra gente?*

Su respuesta fue simple pero sellaría su destino: «De cierto, de cierto os digo: Antes que Abraham fuese, yo soy» (Juan 8:58).

Y allí estaba. Tanto la forma de hablar de Jesús como la reacción que suscitó son lógicas si pensamos en lo que afirmaba. La expresión «yo soy» era el nombre con que Dios se manifestó a Moisés cuando le envió a liberar a los israelitas de Egipto (Éxodo 3), y la forma en que se refería constantemente a sí mismo en el libro de Isaías, y sus oyentes conocían bien el texto a que hacía referencia.

Dicho con sencillez, Jesús hablaba con una autoridad que le era *propia*.

Naturalmente, nunca tuvo problemas para responder las preguntas que le hacían o para interpretar la ley; a fin de cuentas, fue él quien la escribió. Por supuesto, no temía a los romanos ni a ningún otro cuerpo gubernamental: los imperios surgían y caían por su palabra. La autoridad con que hablaba era suya. Él creó el mundo con sus palabras; él es quien mantiene a los planetas en sus órbitas y a los montes en su lugar; el que hace subir las mareas y florecer los huertos; quien creó cosas como el mi menor y las mascotas; el que resucitó de entre los muertos, y será un día nuestro juez.

De modo que sí, merecía la pena desplazarse hasta donde estaba para oír su predicación.

TEMA DE ORACIÓN

Dale gracias a Dios porque es él quien tiene el control, no tú; entrega aquellas áreas de tu vida que no están bajo su autoridad y pídele que te ayude a sujetarte a él.

AVANZANDO

o ¿Hay alguna zona de tu vida en la que le niegas a Cristo su autoridad?

o ¿De qué formas trae paz y consolación en tus circunstancias la autoridad de Jesús?

o ¿Cuál es tu plan para sujetarte más completamente a la autoridad de Cristo?

DENUEDO

«Así que yo os digo: Pedid, y se os dará; buscad,
y hallaréis; llamad, y se os abrirá la puerta. Porque
todo el que pide recibe; el que busca encuentra;
y al que llama, se le abre».

Lucas 11:9 NVI

Andrés fue uno de los primeros en adoptar el principio
de pedir, buscar y llamar. Por lo que sabemos, Andrés
fue el primero de los doce en pedirle algo a Jesús.

Comenzó en el momento en que se conocieron,
que resultó ser cuando Juan el Bautista señaló a Jesús.
Andrés era discípulo de Juan, de manera que cuando
el que había preparado el camino para el Cordero de
Dios gritó: «He aquí, el Cordero de Dios» (Juan 1:29),
Andrés no perdió el tiempo. Él y otro discípulo de Juan
el Bautista siguieron a Jesús.

«¿Qué buscáis?», les preguntó.

Ellos le respondieron con una pregunta: «¿dónde te hospedas?» (v. 38 NVI).

Jesús recompensó su audacia con una invitación a pasar el día con él, de modo que fueron con él donde se hospedaba, donde Jesús les abrió la puerta. En otras palabras, una llamada proverbial llevó a una conversación real, y ellos supieron que habían encontrado al Mesías.

Andrés corrió a decírselo a su hermano Simón. Y cuando Jesús llamó a Simón en una playa, Simón y Andrés lo dejaron todo y corrieron a seguirle. Fue un torbellino, un cambio radical que comenzó con la simple pregunta: *¿Qué buscáis?*

Ellos querían a Jesús.

Cuando el ministerio estaba en pleno apogeo, un discípulo le pidió a Jesús que les enseñara a orar como Juan el Bautista enseñó a sus discípulos (Lucas 11:1). No estaría fuera de lugar asumir que fue Andrés, el antiguo seguidor de Juan el Bautista que no tenía reparos en pedirle cosas a Jesús. Jesús accedió de nuevo y les enseñó su conocida oración. Después siguió con un relato sobre un audaz peticionario, un hombre que llamó a la puerta de su amigo a medianoche y le pidió tres hogazas de pan. Aunque su amigo estaba en la cama y la casa cerrada, él consiguió que le diera lo que necesitaba, no porque fuera su amigo, explicó Jesús, sino por la temeraria audacia que le llevó a hacer su petición a medianoche.

Jesús acentuó esta historia con su famosa exhortación: «Pedid, y se os dará; buscad, y hallaréis; llamad, y se os abrirá la puerta» (v. 9 NVI).

El diálogo inicial entre Jesús y Andrés es una tierna y sencilla prueba de la promesa de «buscar y encontrar». Andrés era una persona atrevida. Quería respuestas, y por ello preguntaba. Buscó al Mesías, y Jesús le abrió la puerta y le dio el pan de vida.

Jesús nos hace exactamente la misma pregunta: *¿Qué buscáis?*

Nunca se sabe, la respuesta podría provocar un torbellino, un cambio radical en nuestra vida.

TEMA DE ORACIÓN

Sé atrevido. Pídele a Dios sabiduría, crecimiento y transformación de vida, y pídele después claridad en áreas de la vida en las que estás confuso.

AVANZANDO

o Describe un tiempo en que te sentiste atrevido para acercarte a Jesús. ¿Qué le pediste?

o ¿Cómo te respondió?

o ¿Cómo responderías a la pregunta de Jesús: *¿Qué buscáis?*

ROCA

«Y yo también te digo, que tú eres Pedro, y sobre esta
roca edificaré mi iglesia; y las puertas del Hades no
prevalecerán contra ella. Y a ti te daré las llaves del
reino de los cielos; y todo lo que atares en la tierra
será atado en los cielos; y todo lo que desatares
en la tierra será desatado en los cielos».

MATEO 16:18-19

Su nombre era Simón. Qué forma tan extraña y presun-
tuosa de saludo decirle, pues, que su nuevo nombre sería Pedro. (*Perdón, ¿qué estás diciendo?*). Su hermano,
Andrés, estaba ya completamente comprometido. Andrés había sido discípulo de Juan el Bautista, y cuando
Juan identificó a Jesús como el Mesías, no necesitó más
pruebas. Fue uno de los primeros discípulos de Jesús
y era un buen seguidor. A decir de todos, Andrés era

un hombre constante, instruido, afable y fácil de tratar. Pero este no era exactamente el caso de Simón.

Pedro era una persona emocional. Cuando Jesús quiso lavarle los pies, Pedro se negó a permitir aquel humilde acto de servicio: «[Pero] Jesús le respondió: Si no te lavare, no tendrás parte conmigo. [De modo que] Le dijo Simón Pedro: Señor, no solo mis pies, sino también las manos y la cabeza» (Juan 13:8-9). Como sucedía a menudo, sus sentimientos iban de un extremo a otro.

Simón Pedro era impulsivo. Durante el arresto de Jesús, sacó su espada y le cortó la oreja a uno de los soldados (18:10). Cortarle la oreja a aquel hombre fue quizá la respuesta más ineficaz posible contra todo un pelotón de guardias del templo. No estoy seguro de cuál era el plan.

A veces Simón Pedro tenía miedo de algunas cosas. Tras el arresto de Jesús, toda la valentía de Pedro se esfumó. Para no ser arrestado, negó incluso conocer a Jesús, y no una sola, sino tres veces, como Cristo había predicho (vv. 17, 25-27).

Toda esta inestabilidad invita a hacernos la pregunta: ¿por qué llamó Jesús a Pedro? Especialmente si pensamos en su nombre (Pedro significa «roca»).

¿La respuesta? Jesús nos convierte en algo que no somos. Observemos algunas correspondencias entre Pedro antes y después de conocer a Jesús:

o Antes de conocer a Jesús, Pedro era dirigido por sus emociones. Después de conocerlo, lo que le motivaba era su intenso amor por él.

o Antes de conocer a Jesús, Pedro era impulsivo. Después de conocerlo era estable, aun en medio de una cultura cambiante. El cristianismo lo estaba cambiando todo, y dirigir aquel cambio requería la capacidad de ajustarse, pivotar y responder al Espíritu Santo sobre la marcha.

o Antes de conocer a Jesús, Pedro tenía miedo. Después de conocerle, lo que temía era volverle la espalda a Jesús otra vez; esto le hizo valiente respecto a todo lo demás.

Y este mismo poder que transformó al ingobernable pescador está obrando en todos los que creen. Jesús nos acepta como somos, pero sabe en quién nos convertiremos por su poder, y nos está transformando en lo que todavía no somos.

TEMA DE ORACIÓN

Pídele a Dios que te muestre alguna parte pecaminosa de ti que tú ves solo como algo de tu temperamento y pídele que te transforme.

AVANZANDO

o ¿Cuáles son tus principales debilidades?

o ¿De qué formas has visto a Dios transformar tu corazón y mente?

o Anota una debilidad que quieres que se convierta en fortaleza y comprométete a orar buscando ayuda y trabajando en ello.

ARREPENTIMIENTO

«Después de que encarcelaron a Juan, Jesús se fue a Galilea a anunciar las buenas nuevas de Dios. "Se ha cumplido el tiempo —decía—. El reino de Dios está cerca. ¡Arrepiéntanse y crean las buenas nuevas!"».

MARCOS 1:14-15 NVI

Diga lo que diga el consenso popular, lo más importante que hizo Jesús no fue enseñarnos a amar al prójimo. Tampoco fue convencer a las personas de la necesidad de volver la otra mejilla, ser hospitalarios o ayudar a los pobres. Todas estas son cosas buenas, pero no lo más importante.

Lo más importante fue que Jesús vino a proclamar el reino de los cielos: el soberano reino y gobierno de Dios, ahora y por toda la eternidad.

Pero ¿cómo procedió? Retomando la tarea donde la dejó su predecesor. Como Juan el Bautista,

Jesús mandó a todos sus oyentes que se arrepintieran y creyeran. Seguir más reglas no formaba parte de la ecuación; no quería que nadie pudiera pensar que la salvación podía ganarse.

Jesús estaba llamando a un cambio de corazón. El precio para ser admitido al reino era someterse a una radical transformación interior. Ni más, ni menos. Y esto es exactamente lo que sucedió cuando una desastrosa noche de pesca, seguida de una contundente sesión de revelación, preparó el terreno para que Simón experimentara este profundo cambio interior.

Sabiendo que Simón había tenido una mala noche de pesca, Jesús le dijo que remara hasta aguas más profundas y echara las redes (Lucas 5:4-5). Pedro hizo lo que le decía.

Tan pronto como las redes tocaron el agua, se llenaron más allá de su capacidad. Tanto es así que Simón y Andrés necesitaron la ayuda de otros compañeros para llevar las redes a tierra. Al momento, las barcas estaban a punto de hundirse, intentando remolcar hasta la playa la enorme carga de peces.

Esto fue lo que precipitó este cambio interior. La pesca milagrosa obligó a Simón a caer de rodillas frente a Jesús y decirle: «¡Apártate de mí, Señor; soy un pecador!» (v. 8 NVI). Porque los milagros dan testimonio de la soberanía de Dios y exponen la flaqueza humana. Esto debería provocar lo que suscitó en Simón: arrepentimiento.

«No temas —le dijo Jesús—; desde ahora serás pescador de hombres» (v. 10 NVI). Y de este modo, Simón pasó de cuestionar a estar seguro. Él y los que le acompañaban sacaron las barcas del agua, lo dejaron todo y siguieron a Jesús.

No sería la última vez que Simón se encontraría cara a cara con sus debilidades; este fue un tema recurrente en su vida. También lo fue el arrepentimiento... y el perdón: la razón por la que Jesús enviaría repetidamente a Simón al abismo. Había más hombres que pescar y corazones necesitados de cambio. Pero su propio corazón arrepentido llevaría a Simón a volver allí donde su predecesor lo dejó, y a proclamar el reino de los cielos: el soberano reino y gobierno de Dios, ahora y por toda la eternidad.

TEMA DE ORACIÓN

Pídele a Dios arrepentimiento por todas las cosas que vengan a tu mente, pero acaba la oración con gratitud por su perdón.

AVANZANDO

o ¿En qué te centras más: en el mandamiento de Jesús a amar a los demás o en arrepentirte y creer?

o ¿Qué incidente de tu vida suscitó en ti una radical transformación interior? ¿Lo consideras un milagro?

o El arrepentimiento promueve la humildad y la rendición; ¿de qué, pues, puedes arrepentirte?

DÍA 17

VEN Y VE

«El siguiente día quiso Jesús ir a Galilea, y halló a
Felipe, y le dijo: Sígueme [...]. Felipe halló a Natanael,
y le dijo: Hemos hallado a aquel de quien escribió
Moisés en la ley, así como los profetas: a Jesús, el hijo
de José, de Nazaret. Natanael le dijo: ¿De Nazaret
puede salir algo de bueno? Le dijo Felipe: Ven y ve».

JUAN 1:43, 45-46

Ven y ve: ¡qué estrategia tan interesante! Como Andrés
y Pedro, Felipe apenas conocía al que ahora creía ser
el Mesías. De hecho, la única cosa que sabemos con
seguridad es que Jesús dijo: «Sígueme» y, de repente,
Felipe estaba convenciendo a otros en su nombre.

Pero ¿por qué? ¿Qué sucedió entre lo que vio y
lo siguiente? Los primeros momentos de Natanael con
Jesús nos dan una clave.

Cuando Jesús vio a Natanael que se le acercaba, dijo de él: «He aquí un verdadero israelita, en quien no hay engaño. Le dijo Natanael: ¿De dónde me conoces? Respondió Jesús y le dijo: Antes que Felipe te llamara, cuando estabas debajo de la higuera, te vi. Respondió Natanael y le dijo: Rabí, tú eres el Hijo de Dios; tú eres el Rey de Israel (Juan 1:47-49).

Jesús tenía una forma peculiar de desarmar a las personas. Natanael quería complacer a su amigo Felipe y probablemente también sentía curiosidad por conocer a Jesús, pero era un tanto escéptico y tenía prejuicios. El pueblo de Nazaret era muy pequeño y sus vecinos lo consideraban un lugar inculto, rudo y poco refinado. De modo que para Natanael, nadie que hubiera nacido y crecido en aquel lugar podía ser el Mesías que esperaban, y así lo habría expresado sin pensárselo dos veces. Por ello, las primeras palabras que Jesús le dirigió son tan interesantes y generosas. En lugar de decir: «He aquí, un israelita fanático y sin tacto», Jesús le llamó honesto, y esto tomó a Natanael por sorpresa. Era, sin duda, una persona que decía lo que pensaba, y estaba orgulloso de ello. Era un hombre práctico, culto y que iba al grano. Pero ¿cómo lo sabía el nazareno?

Porque Jesús le había estado observando, y no solo mientras estaba sentado debajo de un árbol. El doble golpe de conocer el paradero de Natanael y los valores que le movían (aunque todavía no hubieran sido renovados por la conversión) era una prueba del elemento sobrenatural que ponía a Jesús en una categoría aparte. Por ello la estrategia «ven y ve» de Felipe demostró ser eficaz, puesto que Jesús era el que convencía.

Como lo hace siempre.

> Respondió Jesús y le dijo: ¿Porque te dije: Te vi debajo de la higuera, crees? Cosas mayores que estas verás. Y le dijo: De cierto, de cierto os digo: De aquí adelante veréis el cielo abierto, y a los ángeles de Dios que suben y descienden sobre el Hijo del Hombre (Juan 1:50-51).

Imagino que el giro de ciento ochenta grados que iba a dar la vida de Natanael hizo sonreír a Jesús para sus adentros. Sin duda, en su rostro se dibujó una omnisciente satisfacción, conociendo las señales y prodigios que Natanael llegaría a ver diariamente y durante el resto de su vida.

Pero es verdad, ¡lo de la higuera fue guay!

TEMA DE ORACIÓN

Dale gracias a Dios por haberte permitido «ir y ver», y pídele que te guíe: *¿A quién puedo introducir a Jesús y cómo?*

AVANZANDO

o Escribe un relato explicando cómo conociste a Jesús. ¿Cómo cambió Jesús tu opinión acerca de su verdadera identidad y sobre la verdad?

o Puesto que Jesús ya no está físicamente en la tierra, ¿qué significa ahora «ven y ve»?

o Piensa en alguien de tu círculo que necesita «venir y ver» a Jesús. Ora por esta persona y después ve a ella y preséntaselo. Confía en que Jesús hará la parte de la convicción.

ENMANUEL

«Y estaban allí seis tinajas de piedra para agua, conforme al rito de la purificación de los judíos, en cada una de las cuales cabían dos o tres cántaros. Jesús les dijo: Llenad estas tinajas de agua. Y las llenaron hasta arriba. Entonces les dijo: Sacad ahora, y llevadlo al maestresala. Y se lo llevaron. Cuando el maestresala probó el agua hecha vino, sin saber él de dónde era, aunque lo sabían los sirvientes que habían sacado el agua, llamó al esposo, y le dijo: Todo hombre sirve primero el buen vino, y cuando ya han bebido mucho, entonces el inferior; mas tú has reservado el buen vino hasta ahora. Este principio de señales hizo Jesús en Caná de Galilea, y manifestó su gloria; y sus discípulos creyeron en él».

JUAN 2:6-11

Se estaba gestando una buena crisis. En el tiempo de Jesús, el vino formaba parte de la mayoría de las comidas y era indispensable en cualquier celebración respetable. Pero en aquella boda, el vino se había terminado, y aquello era una humillación de proporciones épicas para la familia del novio, que estaba dando la fiesta. María, la madre de Jesús, se preocupó de encontrar a Jesús y de ponerle al corriente.

«No tienen vino», fueron sus palabras (Juan 2:3), pero en su tono de urgencia estaba claro lo que quería decir: *¡Ayuda!* Ninguno de los asistentes excepto su madre tenía razón alguna para creer que Jesús podía resolver aquella situación; era tan pobre y aparentemente normal como los demás. Hasta aquel momento, pocas cosas le distinguían de los otros asistentes a la fiesta, y esto hace de su presentación pública inducida por su madre un precioso telón de fondo de lo que seguiría (vv. 5-11).

Sus nuevos discípulos observaron a Jesús mientras explicaba a los sirvientes que tenían que llenar de agua aquellas enormes tinajas. ¡Qué instrucciones tan desconcertantes e intrigantes! Los siervos hicieron todo lo que se les dijo, y llevaron un vaso de agua al encargado del banquete quien, al parecer, no sabía nada del drama que se había estado cociendo. Y entonces, en algún momento entre que la sacaron y que llegó a manos del encargado, el agua se convirtió en vino. No era un vino normal, sino un vino impresionante cuya calidad honró al anfitrión, puesto que la práctica común era comenzar a servir vino barato tan pronto como los invitados estaban demasiado ebrios para darse cuenta. Jesús salvó la fiesta y la reputación de sus amigos, pero de todos los milagros que habría podido llevar a cabo primero, escogió una boda y vino y un pequeño grupo de testigos.

¿Por qué?

Porque él es Enmanuel: «Dios con nosotros» (Mateo 1:23).

Tanto el trasfondo de su primer milagro como la necesidad que lo suscitó (la potencial vergüenza de los anfitriones), y su obediencia a su madre, eran cosas consistentes con todo lo demás de su vida: era una persona corriente. Jesús nació en un establo, fue criado por personas sencillas y trabajó de carpintero, como su padre. Asistió a la escuela y a la sinagoga —y ahora a una celebración— porque el método de Dios para rescatar al mundo fue entrar en él.

Durante los tres años siguientes, los discípulos vieron a Jesús hacer cosas extraordinarias en las circunstancias corrientes de la vida. Vieron al Mesías contento, cansado, frustrado e indignado, le vieron tener hambre y —en Getsemaní— temor. Le vieron amar a pobres y ricos por igual, usando a menudo cosas comunes como panes y peces, barro, olas, árboles y sepulcros para mostrar su gloria celestial. Aprendieron a servir a personas reales con problemas reales, a amar sin prejuicios, a predicar el evangelio en cualquier situación, a realizar milagros y a obedecer hasta la muerte.

Y en medio de todas estas cosas, los discípulos siguieron sus pasos por la fe en aquel que estaba con ellos: Enmanuel, Dios con nosotros, quien «habitó entre nosotros (y vimos su gloria, gloria como del unigénito del Padre), lleno de gracia y de verdad» (Juan 1:14).

TEMA DE ORACIÓN

Dale gracias a Dios por «Enmanuel» y pídele que te ayude a encontrar lo extraordinario en tu cotidianidad.

AVANZANDO

o En este momento, ¿cuáles son las circunstancias más difíciles para ti?

o ¿Cómo debería afectar tu forma de responder a las circunstancias el hecho de saber que Dios está contigo?

o Igual que los sirvientes de la boda tuvieron que sacar agua antes de verla convertida en vino, ¿qué pasos de fe puedes dar sustentados por su promesa de estar contigo?

PREOCUPACIÓN

«Más bien, busquen primeramente el reino de
Dios y su justicia, y todas estas cosas les serán
añadidas. Por lo tanto, no se angustien por el
mañana, el cual tendrá sus propios afanes.
Cada día tiene ya sus problemas».

MATEO 6:33-34 NVI

Problemas. Cada día surgen un montón de ellos y mañana vendrán más. Para los discípulos era fácil aceptar esta parte de la enseñanza. Lo complicado era lo de no angustiarse por el mañana. De hecho, pasarían todo su ministerio intentando entender el triunfo de Jesús sobre toda clase de problemas.

Jesús podría haber comenzado sus señales y prodigios con un milagro del calibre de la división del mar Rojo. Pero escogió un acercamiento más sencillo, y su primera señal fue transformar agua en vino para suplir una necesidad. El problema para el que se pidió la intervención de Jesús era relativamente menor. Su madre estaba preocupada por los anfitriones de la boda y le pidió a él que interviniera; y él lo hizo. Esto significa que Jesús decidió revelar su gloria a sus discípulos por primera vez durante una celebración. Fue el debut público de triunfo sobre los problemas.

Al hacerlo, Jesús demostró que nada es intrascendente. Todas las situaciones comprometidas son una oportunidad para la intervención de Dios y para seguir celebrando.

También nosotros tendemos a preocuparnos por cuestiones grandes y pequeñas, y Jesús está pendiente de todas ellas, especialmente por la oportunidad que representan; pero nosotros hemos de hacer nuestra parte. Como hizo María, hemos de pedirle incluso por aquellos problemas aparentemente pequeños. De lo contrario, leeremos versículos sobre no preocuparnos y nos inquietaremos aún más por nuestra incapacidad de no preocuparnos, en lugar de buscar y pedir que Jesús pueda mostrar su triunfo en cualquier situación.

Puede que esta sea la razón por la que escuchó la petición de su madre. La simplicidad de este relato representa muchos principios del reino. Por ejemplo, requiere fe rendir nuestras preocupaciones y dedicarnos a buscar el reino y a confiar en Jesús en lugar de ocuparnos directamente de ellas. Cuando lo hagamos, él se pondrá a obrar a nuestro favor. Naturalmente, esto no significa que él vaya literalmente a convertir el agua en vino, pero siempre hará el equivalente espiritual: hacer que todas las cosas sirvan para el bien de aquellos que le aman (Romanos 8:28).

Confíale las cosas pequeñas y él demostrará una y otra vez que puedes confiarle cualquier cosa. Y no te preocupes de si tienes o no la capacidad de dejar de preocuparte. No la tienes. Esta es la cuestión. Tu tarea es buscar a Jesús y su justicia. Su respuesta será revelarte más de su gloria, y el resultado, que tu fe se renovará y crecerá. Y, milagrosamente, te preocuparás mucho menos.

TEMA DE ORACIÓN

Pídele a Dios que redimensione tus temores y expectativas para que veas tus luchas como las oportunidades que ve él.

AVANZANDO

o ¿Tienes luchas con la ansiedad? ¿Cuáles son las cosas por las que tiendes a preocuparte más y por qué?

o Jesús utilizó las situaciones cotidianas para revelar su gloria. Describe una situación corriente de tu vida por la que él ha revelado su gloria y aumentado tu fe.

o ¿Le pides ayuda a Jesús en las cosas aparentemente pequeñas? ¿Por qué sí o por qué no?

CONFIANZA

«Confía en el Señor de todo corazón,
y no en tu propia inteligencia. Reconócelo en
todos tus caminos, y él allanará tus sendas».

PROVERBIOS 3:5-6 NVI

Era fácil odiar a Mateo, el codicioso recaudador de impuestos. En el nombre de Roma, él y sus camaradas extorsionaban a sus compatriotas judíos mucho más de lo que pedía el gobierno.

Y a Mateo le parecía perfecto.

La corrupción del sistema jugaba a su favor. El suyo era un gran equipo porque a Mateo solo le importaba Mateo, y era un maestro en hacer exactamente lo contrario de lo que Salomón aconseja en Proverbios 23:4: «No te afanes por hacerte rico; sé prudente, y desiste». Todo lo contrario, Mateo estaba poniendo todas sus energías para hacerse rico. Confiaba en su ingenio.

La respuesta de Mateo antes de conocer a Jesús habría sido: *¿Qué problema hay? Si vas a dedicarte en cuerpo y alma a algo, ¿por qué no a hacerte rico? Además, si no puedes confiar en ti mismo, ¿en quién vas a confiar?*

Entendemos perfectamente a ese Mateo antes de su conversión. Lo entendemos.

Porque, por desgracia, estos son exactamente la clase de valores y actitudes relativistas, de autoconfianza y éxito a toda costa que este mundo persigue a muerte. Nuestra cultura consumista solo se nutre de ellos. ¿A quién no le gusta una buena historia de mendigo a millonario? Y si tales riquezas se han conseguido por medios repugnantemente egoístas, dudosos y avariciosos... ¡Bah, pelillos a la mar!

El deseo de estar en la cima es una fuerza electromagnética. Y puede arrastrar a cualquiera, como un potente imán a una tachuela. Piensa, pues, en lo que sería necesario para alterar esta potente atracción que te tenía cautivo. ¿Qué podría hacerte desistir voluntariamente, alejarte del dinero y dejar el poder?

Solo el giro argumental más dramático. Para Mateo, este giro se produjo con una única y profunda palabra: «Sígueme». «Después de estas cosas salió, y vio a un publicano llamado Leví, sentado al banco de los tributos públicos, y le dijo: Sígueme. Y dejándolo todo, se levantó y le siguió» (Lucas 5:27-28).

No fue un contacto superficial. En un momento, la necesidad de Mateo de poseer más cosas quedó completamente borrada cuando se encontró cara a cara con el autor de la vida. Todas estas tonterías de confiar en uno mismo y seguir tu propia verdad se evaporaron en el instante en que miró a los ojos a la Verdad y fue llamado a seguir esa irresistible fuerza, el deseo de conocer y amar al Dios encarnado. Mateo, el perverso, odioso y avaricioso recaudador de impuestos se encontraba en presencia del amor puro. Y esto le cambió en un instante. De forma radical.

Lo entendemos, Mateo. ¡Lo entendemos!

Porque, felizmente, estos son exactamente los valores y actitudes de confianza y seguimiento de Jesús a toda costa que le encantan a nuestro Padre celestial. Tanto es así que ha preparado un giro argumental para que cada uno de nosotros respondamos a él. Y también nosotros tendremos que decidir. Dios anhela enderezar nuestros caminos torcidos (Lucas 3:5) y escribir el guion de la verdadera historia de pobreza a riqueza, que pasa, a veces, por cambiar temporalmente nuestra riqueza terrenal por pobreza.

A Mateo le pareció perfecto.

Vio lo mucho que este sistema redentor hizo por él. Fue un gran cambio para Mateo, que vio la centralidad de Jesús.

TEMA DE ORACIÓN

Dale gracias a Dios por pedirte que le sigas, arrepiéntete de las veces que dependes de tus propias capacidades y pídele que te muestre áreas en que puedes cambiar tus lealtades.

AVANZANDO

o ¿En qué áreas de tu vida confías en tu propio ingenio e inteligencia?

o Siendo brutalmente honesto, ¿con quién te identificas más: con el Mateo antes de conocer a Cristo o con el discípulo?

o ¿Cuáles han sido los giros argumentales más dramáticos que el Señor ha preparado en tu vida?

ÚTIL

«Si alguien se mantiene limpio, llegará a ser
un vaso noble, santificado, útil para el Señor
y preparado para toda obra buena».

2 Timoteo 2:21 NVI

Los vasos han sido concebidos y creados para contener
algo. Los utensilios (pienso en un tenedor o un cuchillo)
han sido concebidos y creados para hacer algo.

Y aquel que «se mantiene limpio» llega a ser un
vaso (2 Timoteo 2:21 NVI).

Como seguidores de Cristo, se nos exhorta a
hacer muchas cosas. Sin embargo, no se alude nunca
a nosotros como utensilios corrientes, sino más bien
como instrumentos escogidos: vasos. Ergo, hemos de
contener más que *hacer*.

Naturalmente, esto plantea una pregunta funda-
mental: *¿Qué se supone que hemos de contener?* Aunque

la respuesta tendría que ser evidente, no lo es. A lo largo de toda la Escritura se nos dice repetidamente que los seres humanos son vasos diseñados y creados para contener... a Dios.

Sin embargo, tenemos la tendencia a quedarnos colgados en la cuestión de la utilidad. Somos proclives a evaluar a las personas pensando solo en lo que hacen.

Tomemos a Mateo, por ejemplo, y pensemos en por qué fue escogido para ser un discípulo.

Su capacidad para mantener un libro de contabilidad impoluta para los romanos mientras se quedaba con un montón de dinero para él personalmente demostraba grandes capacidades contables. Pon una cruz en esta casilla.

También sabía leer y escribir, una capacidad añadida que le sería útil para escribir su evangelio en el futuro. Pon una cruz en esta casilla.

Respecto a su personalidad, Mateo no era tímido en cuanto a sus apariciones públicas. Pon una cruz en esta casilla.

No era tímido ni se disculpaba por realizar sus servicios como recaudador de impuestos. De hecho, esta persistente actitud trabajólica demostraría ser especialmente útil para llevar a cabo la gran comisión. Pon una cruz en esta casilla. Pon una cruz en esta casilla. Pon una cruz en esta casilla.

Todo esto es cierto. Pero no, esto es lógica humana.

Jesús no vio a Mateo sentado detrás de su mesa y pensó: ¡Perfecto, *me faltaba un contable agresivo en mi equipo!* No iba completando un grupo de discípulos basándose en su *curriculum vitae*, aptitudes principales y test de personalidad. De hecho, sus logros anteriores eran inútiles, como se puso de relieve cuando algunos pescadores alimentaron a cinco mil personas con peces que no habían pescado.

Jesús no necesitaba capacidades. Lo que requería era disponibilidad. Mateo no fue escogido por lo que sabía hacer. Fue llamado por lo que estaba dispuesto a abandonar, que era todo. Decidió tomarse a Jesús en serio: «El que se aferre a su propia vida, la perderá, y el que renuncie a su propia vida por mi causa, la encontrará» (Mateo 10:39 NVI).

Y Mateo la encontró. Dejó todos sus bártulos, entregó las llaves y dejó libre su puesto. Se convirtió en un instrumento para honra, santificado y útil al Señor, preparado para toda buena obra. Estaba preparado para ir y hacer, solo por lo que contenía.

Mateo era un vaso diseñado y creado para contener a Dios. Y lo consiguió.

TEMA DE ORACIÓN

Dale gracias a Dios porque no te valora por lo que haces; pídele después que te revele cosas que puedes hacer por él que no requieran necesariamente tus capacidades naturales.

AVANZANDO

o ¿De qué formas tiendes a centrarte más en las cosas que puedes hacer que en aquel cuyo Espíritu contienes?

o ¿Hay alguien a quien valoras más por lo que hace que por quién es en Cristo?

o ¿Cómo puedes hacerte más disponible?

TODOS VOSOTROS

«Y los escribas y los fariseos murmuraban contra los discípulos, diciendo: ¿Por qué coméis y bebéis con publicanos y pecadores? Respondiendo Jesús, les dijo: Los que están sanos no tienen necesidad de médico, sino los enfermos. No he venido a llamar a justos, sino a pecadores al arrepentimiento».

Lucas 5:30-32

Los fariseos y los escribas se comportaban de forma pasivo-agresiva, murmurando contra los discípulos en lugar de hablar directamente con *Jesús*. Tenían la autoridad legal para castigar a Jesús (y personalidades proclives a ello); pero en lugar de hacer esto, dirigían sus críticas a aquellos que estaban insultando.

Y supongo que aquel grupo no tenía idea de cómo responder. Todo aquello era muy nuevo para ellos: acababan de conocer a Jesús, de modo que, aunque creyeran que podía ser el esperado Mesías, no podían estar cien por cien seguros. Además, era cierto que se estaban juntando con personas que la sociedad consideraba indeseables; de hecho, algunos de ellos mismos entraban en esta categoría. Sin duda, todos los que estaban sentados en aquella mesa se habían hecho la misma pregunta que los fariseos.

Estoy seguro de que todos se inclinaron para escuchar la respuesta de Jesús.

Recientemente su fama se había difundido mucho. La gente venía desde Galilea, Judea y Jerusalén para escucharle predicar y verle sanar. Sin duda, la suposición de los líderes religiosos era que Jesús sería impresionante, que su aspecto y comportamiento serían como los de ellos; como los de alguien digno de los informes que les estaban llegando.

Sin embargo, encontraron a un hombre de aspecto normal que socializaba con personas normales y hacía cosas normales como comer; bueno, cuando no estaba echando fuera demonios o devolviendo la vista a personas ciegas. Lucas 5:29 dice, literalmente, que Jesús estaba «reclinado» a la mesa con ellos. Estaba relajado y charlando con los presentes. Les estaba conociendo (y ellos a él) cuando los fariseos aparecieron en casa de Mateo sin haber sido invitados.

Me pregunto si llamaron a la puerta antes de irrumpir groseramente. Me pregunto si se pusieron en un rincón a cuchichear como adolescentes, y si lo hacían en voz alta, fingiendo creer que Jesús no los oía desde donde estaba, a dos metros de ellos. Me pregunto si acudieron preparados con ciertas preguntas pero cambiaron de estrategia cuando vieron a Jesús con la «chusma». Y me pregunto también si alguien de la mesa se sintió ofendido por su pregunta o si estaban tan acostumbrados a este tipo de comentarios que les resbalaba. Me pregunto si el comentario de los fariseos hizo que Jesús empatizara más todavía con los insultados.

Sin duda, su respuesta lo hizo.

Veo vuestra pregunta pasivo-agresiva e indirecta y os propongo una afirmación indirecta: he venido a llamar a pecadores al arrepentimiento, no a justos.

¡Uf! Aunque su respuesta les cerró la boca (algo que fue, sin duda, divertido para los espectadores), tengo la sensación de que los fariseos percibieron el significado de Romanos 3:10-12: «No hay justo, ni aun uno; no hay quien entienda, no hay quien busque a Dios. Todos se desviaron, a una se hicieron inútiles; no hay quien haga lo bueno, no hay ni siquiera uno».

Una respuesta más directa habría sido: «Paso tiempo con aquellos que saben que me necesitan, y no con los que se creen moralmente superiores y no ven su necesidad. Pero claro que me necesitáis. Todos. ¡Desesperadamente!».

TEMA DE ORACIÓN

Dale gracias a Dios por ofrecerte la sanación para la enfermedad de tu pecado y pídele que te dé el mismo corazón sensible hacia los «enfermos» que tenía Cristo.

AVANZANDO

o ¿Cuáles son las áreas de tu vida en que necesitas un «médico»?

o ¿Cuándo has sido culpable de la actitud de los fariseos que encontramos en este texto?

o ¿A quién conoces que no sería considerado «sano» por los dirigentes de la iglesia y cómo puedes tratarle como Jesús trató a los «enfermos»?

RELACIÓN

«Estando en Jerusalén en la fiesta de la pascua, muchos creyeron en su nombre, viendo las señales que hacía. Pero Jesús mismo no se fiaba de ellos, porque conocía a todos, y no tenía necesidad de que nadie le diese testimonio del hombre, pues él sabía lo que había en el hombre».

JUAN 2:23-25

Desde que Adán exhaló su primer aliento, Dios ha estado observando. Cada decisión, cada pensamiento, cada motivo de cada acto... ¿te imaginas lo que ha visto? No hay duda de que ha habido momentos de bondad, justicia y amor; muchos de tales momentos han sido consignados en la Escritura y Dios los ha recompensado. Pero lo malo pesa mucho más que lo bueno. Mira los titulares de hoy, multiplica lo negativo por tropecientos millones y comenzarás a entender lo miserable y perversa que es la raza humana.

Jesús estaba haciendo cosas sorprendentes en Jerusalén y la gente estaba asombrada. Le seguían por donde iba y escuchaban su mensaje, motivados, sin duda, por las cosas que estaban viendo. En otras palabras, mientras experimentaran milagros, las personas estaban dispuestas a quedarse. Pero asistir a reuniones, sentirse asombrado, impactado emocionalmente o incluso creer en lo sobrenatural no siempre produce una relación con Jesús.

Un ejemplo:

> Yendo Jesús a Jerusalén, pasaba entre Samaria y Galilea. Y al entrar en una aldea, le salieron al encuentro diez hombres leprosos, los cuales se pararon de lejos y alzaron la voz, diciendo: ¡Jesús, Maestro, ten misericordia de nosotros! Cuando él los vio, les dijo: Id, mostraos a los sacerdotes. Y aconteció que mientras iban, fueron limpiados. Entonces uno de ellos, viendo que había sido sanado, volvió, glorificando a Dios a gran voz, y se postró rostro en tierra a sus pies, dándole gracias; y este era samaritano. Respondiendo Jesús, dijo: ¿No son diez los que fueron limpiados? Y los nueve,

¿dónde están? ¿No hubo quien volviese y diese gloria a Dios sino este extranjero? Y le dijo: Levántate, vete; tu fe te ha salvado (Lucas 17:11-19).

Los leprosos le llamaron Maestro y le suplicaron que tuviera misericordia. Y Jesús atendió su petición. Les envió a los sacerdotes porque, según la ley, los leprosos tenían que ser examinados por ellos y considerados limpios para volver a entrar en la sociedad. Estos obedecieron y fueron, y cuando iban de camino fueron milagrosamente sanados, lo cual significa que cuando llegaron a la sinagoga, los sacerdotes les declararon limpios. Después de esto, deduzco que la mayoría de ellos corrieron a sus hogares, familias y amigos, y después retomaron sus vidas.

Solo uno de los diez volvió para darle gracias a Jesús. ¿Por qué? Jesús planteó esta misma pregunta, aunque de forma retórica, porque sabía lo que hay en el hombre. Había estado observando desde el principio.

Con demasiada frecuencia, las personas quieren los privilegios de una relación con Jesús sin tener la relación en sí. Cuando las cosas van bien se adjudican el mérito, y cuando van mal rezan avemarías. Asisten a la iglesia, pero solo en las grandes festividades. Quieren tener la certeza del cielo, manteniendo, al tiempo, la devoción por este mundo. Tienen la mentalidad de que podrán creer cuando les convenga: *Me acercaré a Jesús cuando sea mayor; cuando acabe de vivir la vida en mis términos.* Pero, lamentablemente, nuestros términos humanos están impregnados por el pecado.

Jesús está buscando personas dispuestas a correr a él, caer de rodillas, arrepentirse, rendirse, adorarle por ser quien es y desarrollar una fe que se mantiene incluso cuando cesan los milagros. Jesús sabía lo que había en el corazón de las personas; de hecho, esta es la razón por la que vino. Por ello, los verdaderos creyentes no le siguen solo por los milagros; han sido esencial e irrevocablemente transformados por él y han hecho de su relación con Jesús el verdadero premio.

TEMA DE ORACIÓN

Dale gracias a Dios por la relación que te ofrece y pídele que no te deje, que te ayude a estar cerca de él siempre que sea posible.

AVANZANDO

o ¿Recuerdas algún tiempo en que tu relación con Jesús se haya quedado estancada? ¿Lo está ahora?

o ¿Qué cambios milagrosos ha hecho Jesús en tu corazón desde que comenzaste a seguirle?

o Mirando hacia adelante, ¿cómo puedes priorizar cambios de corazón en lugar de físicos?

LIMPIO

«Sucedió que estando él en una de las ciudades,
se presentó un hombre lleno de lepra, el cual,
viendo a Jesús, se postró con el rostro en tierra
y le rogó, diciendo: Señor, si quieres,
puedes limpiarme».

Lucas 5:12

En el tiempo de Cristo, la lepra era una cruel enfermedad incurable. Producía tumoración y heridas en forma
de escamas por todo el cuerpo de las personas afectadas,
y podía ocasionar la completa degeneración de la piel y
retorcer los huesos hasta deformar terriblemente a sus
víctimas. A los enfermos de lepra se les pudrían y caían
los dedos de las manos y los pies, las orejas y la nariz, lo
cual dificultaba mucho la respiración y favorecía la ceguera. Por otra parte, hacía imposible realizar el trabajo
diario necesario para sobrevivir.

Los sospechosos de haber contraído la enfermedad tenían que presentarse al sacerdote, que valoraba su estado y les diagnosticaba como limpios o inmundos. Ser «inmundo» significaba ser considerado prácticamente muerto. A las personas leprosas se las desterraba de las ciudades para impedir que la enfermedad se propagara; se les forzaba a vivir en tiendas o cuevas que formaban colonias en el desierto, tenían que llevar campanillas para avisar a la gente de su presencia y tenían que gritar «¡Inmundo! ¡Inmundo!» si alguien, por accidente, sobrepasaba la distancia legal.

Tras ser arrancados de sus casas, familias, amigos y todas las otras comodidades de la vida, la única esperanza de alivio para ellos era la muerte.

Jesús entra en escena.

Las noticias del sanador y predicador se habían extendido de pueblo en pueblo y habían llegado también a la colonia de leprosos. Lucas dice que un hombre «lleno de lepra» se acercó a Jesús, lo cual significa (1) que padecía la enfermedad desde hacía cierto tiempo, (2) que había estado viviendo en un infierno físico y emocional y (3) que, de algún modo, conservaba el atisbo de esperanza suficiente para violar la ley y arrojarse a los pies de Jesús.

Puede que antes de ponerse enfermo hubiera estudiado la Torá y conociera sus profecías sobre el Mesías que había de venir, como Isaías 61:1: «El Espíritu de Jehová el Señor está sobre mí, porque me ungió

Jehová; me ha enviado a predicar buenas nuevas a los abatidos, a vendar a los quebrantados de corazón, a publicar libertad a los cautivos, y a los presos apertura de la cárcel» (que Jesús cita en Lucas 4:18-19).

Pero puede que su comprensión de las profecías hubiera cambiado desde que se había convertido en un cautivo dentro de su cuerpo. Los judíos fieles estaban esperando que el Mesías les librara de la opresiva ocupación romana, con sus onerosos impuestos; estos asumían que la frase «libertad a los cautivos» significaba libertad del Imperio romano. Pero a pesar de vivir en un territorio conquistado, después del trabajo podían vivir en sus casas, comer en su mesa y ver crecer a sus hijos. Sin embargo, para este hombre, esta alma quebrantada que vivía ahora sus años aislado, las profecías habían cobrado, quizá, su verdadero significado, y entendía que el propósito del Mesías era mucho más personal de lo que la gente sabía en aquel momento.

Sea cual sea su historia, algo le llevó a ignorar la ley que le obligaba a quedarse en su colonia, a salvar el muro que le impedía creer que podía ser restaurado y a superar el temor de que también aquel predicador le rechazara.

«Señor, si quieres, puedes limpiarme», dijo (Lucas 5:12).

De modo que «extendiendo la mano, [Jesús] le tocó, diciendo: Quiero; sé limpio. Y al instante la lepra se fue de él» (v. 13).

Lo mejor de la historia no es la sanación, aunque esta fue impresionante. Y tampoco es la fe de este hombre, aunque es un ejemplo a seguir para todos nosotros. Lo mejor es que Jesús extendiera la mano para tocarle. Porque Jesús habría podido limitarse a pronunciar unas palabras; pero en lugar de ello avanzó y se inclinó a tocar a aquel hombre que nadie había querido tocar durante mucho tiempo. Le tocó antes de que fuera limpio. De modo que, mientras las palabras de sanación restauraron su cuerpo, sin duda, el toque de Jesús restauró su alma.

TEMA DE ORACIÓN

Dale gracias a Dios por limpiarte (la reflexión de hoy es un recordatorio de por qué en nuestras oraciones tiene que haber gratitud, ¿no crees?) y pídele que te dé un corazón como el suyo para las personas «inmundas».

AVANZANDO

o   ¿Qué parte de tu alma necesita el toque sanador de Jesús?

o   ¿Qué bloquea la clase de fe atrevida que tenía el leproso?

o   ¿Cómo puedes conectar con aquellas personas de tu vida que no forman parte de tu círculo, igual que hizo Jesús?

LEVÁNTATE

«Entró Jesús otra vez en Capernaum después de
algunos días; y se oyó que estaba en casa.
E inmediatamente se juntaron muchos, de manera
que ya no cabían ni aun a la puerta; y les predicaba
la palabra. Entonces vinieron a él unos trayendo
un paralítico, que era cargado por cuatro. Y como
no podían acercarse a él a causa de la multitud,
descubrieron el techo de donde estaba, y haciendo
una abertura, bajaron el lecho en que yacía el
paralítico. Al ver Jesús la fe de ellos, dijo al paralítico:
Hijo, tus pecados te son perdonados».

MARCOS 2:1-5

¡Qué escena tan bárbara! Había tantas personas en la
casa donde se alojaba Jesús que los que iban llegando

no podían entrar ni ser sanados. Aquí había un hombre paralítico y atado a una camilla, pero la gente no le dejaba pasar. Una multitud tosca. No abrieron un camino ni siquiera cuando vieron que sus compañeros le subían al tejado tirando de él, una tarea que de ningún modo pudo ser rápida ni fácil. Cuando finalmente lo consiguieron, comenzaron a abrir un hueco retirando la paja y el barro.

Vayamos ahora al interior de la casa. La gente rodeaba a Jesús, que predicaba y sanaba enfermos, pero la reunión fue interrumpida por un ruido de pasos sobre el techo, primero como de arrastre y después como si alguien estuviera abriendo un agujero. Después comenzaron a caer pedazos del techo, probablemente algunos sobre la cabeza de los asistentes; pero funcionó. Jesús se conmovió por la fe que los llevó a hacer algo así, y perdonó al paralítico.

¡Espera, espera! Humm… gracias, Jesús, pero cuando decidimos subirnos al tejado de esta casa, pretendíamos ver un milagro real… algo así como «levántate y anda».

Al menos es esto lo que suele suceder. Vamos a Jesús con nuestras ideas sobre lo que debería hacer por nosotros y nos sentimos desilusionados cuando no se ciñe al guion que le marcamos. Pero con frecuencia Jesús hace sus mejores obras de forma inesperada.

Algunos de los escribas estaban allí sentados, preguntándose interiormente: ¿Por qué habla este así? Blasfemias dice. ¿Quién puede perdonar pecados, sino solo Dios? Y conociendo luego Jesús en su espíritu que cavilaban de esta manera dentro de sí mismos, les dijo: ¿Por qué caviláis así en vuestros corazones? ¿Qué es más fácil, decir al paralítico: Tus pecados te son perdonados, o decirle: Levántate, toma tu lecho y anda? Pues para que sepáis que el Hijo del Hombre tiene potestad en la tierra para perdonar pecados (dijo al paralítico): A ti te digo: Levántate, toma tu lecho, y vete a tu casa. Entonces él se levantó en seguida, y tomando su lecho, salió delante de todos, de manera que todos se asombraron, y glorificaron a Dios, diciendo: Nunca hemos visto tal cosa (Marcos 2:6-12).

La misión de Cristo era salvar almas, y las sanaciones eran una forma útil de demostrar su poder para hacerlo. Pero no era su misión. Las curaciones mostraban su compasión, amor y deseo de restaurar, pero eran algo insignificante comparado con su verdadero propósito de redimir y elevar sus almas perdidas. Naturalmente, Jesús discernía tanto la fe genuina de los hombres que estaban en el tejado como la incredulidad de los que estaban en la sala con él. Lo que hizo fue poner al descubierto sus pensamientos —otro milagro— y anunciar su poder tanto para sanar como para perdonar. Puesto que el perdón es necesario para que nuestra relación con Dios sea restaurada y podamos así pasar la eternidad con él, Jesús le estaba ofreciendo algo mucho mejor que una curación. Esperamos, pues, que para el hombre que aquel día entró en la habitación por el tejado, poder caminar fuera solo el comienzo de una vida de seguir estrechamente a aquel que le perdonó.

Para que sepáis que tengo poder para perdonar, levántate y anda.

Naturalmente, él se levantó y anduvo, y ahora lo hizo, probablemente, cruzando la puerta de entrada.

TEMA DE ORACIÓN

Dale gracias a Dios por perdonarte los pecados y pídele después que te dé la misma clase de fe y pasión temerarias de los amigos del paralítico.

AVANZANDO

o ¿Qué crees que creían los cuatro amigos del paralítico sobre Jesús para conducirse de un modo tan extraordinario?

o ¿Qué te impide seguir a Jesús con esta clase de pasión?

o Si tienes luchas para valorar más el crecimiento espiritual que el material, enumera de tres a cinco razones por las que el crecimiento espiritual es más importante.

MIRAR PARA OTRO LADO

«Aconteció también en otro día de reposo, que él [Jesús] entró en la sinagoga y enseñaba; y estaba allí un hombre que tenía seca la mano derecha. Y le acechaban los escribas y los fariseos, para ver si en el día de reposo lo sanaría, a fin de hallar de qué acusarle».

LUCAS 6:6-7

¡Qué mundo tan extraño, legalista e impersonal! Los fariseos estaban mucho más preocupados por las reglas que por las personas. Aquí tenemos a un hombre con una mano «seca», lo cual significa que sufría lesiones neurológicas y atrofia, pero no sabemos cómo llegó a este estado. Fuera como fuera, no podía usar la mano en un tiempo en que el trabajo manual era necesario para subsistir y mantener una familia.

En pocas palabras, su necesidad era inaplazable y evidente para todos.

Sin embargo, los líderes religiosos no le miraban a él sino a Jesús, el objeto de su fastidio. Aquel pobre hombre deformado, que tenía nombre, una historia, temor al futuro y, probablemente, retortijones de hambre, no era sino un objeto, una oportunidad para atrapar al hombre que estaba haciendo zozobrar su mundo.

Y, efectivamente, Jesús estaba zarandeando su mundo. En lugar de esperar ansiosamente las enseñanzas de los fariseos, la gente se reunía en grandes números alrededor del hombre de Nazaret que no paraba de forzar las reglas, algo que le hacía mucho más interesante y asequible para el pueblo de lo que nunca habían sido los líderes religiosos. Era manso y modesto, pero hablaba y actuaba con gran autoridad y confianza. Y era elocuente. Y además hacía cosas que nadie más podía hacer, como sanar dolencias, expulsar demonios y no achantarse ante los poderosos.

Por ello las gentes iban en masa a escucharle, y él no les decepcionaba.

Mas él conocía los pensamientos de ellos; y dijo al hombre que tenía la mano seca: Levántate, y ponte en medio. Y él, levantándose, se puso en pie. Entonces Jesús les dijo: Os preguntaré una cosa: ¿Es lícito en día de reposo hacer bien, o hacer mal? ¿salvar la vida, o quitarla? Y mirándolos a todos alrededor,

dijo al hombre: Extiende tu mano. Y él lo
hizo así, y su mano fue restaurada. Y ellos se
llenaron de furor, y hablaban entre sí qué po-
drían hacer contra Jesús (Lucas 6:8-11).

Es fácil echarles la culpa a los fariseos. Es cierto
que eran terribles, y en pocas palabras Jesús les denun-
ció públicamente. Pero si no queremos acabar siendo
exactamente igual que ellos en hipocresía y egoísmo,
pensemos en las formas en que la mayoría de nosotros
actuamos como ellos. Pensemos en las personas sin techo que evitamos mirar cuando pasamos junto a ellas,
con sus letreros de cartón cerca de los semáforos. Y en
los comedores solidarios faltos de personal, los viajes
misioneros con pocos participantes y las organizaciones
de ayuda humanitaria escasas de recursos.

Seamos honestos: lo más fácil es ignorar las necesidades. Nuestros corazones se han hecho insensibles de
tanto bombardeo con estos asuntos; con frecuencia nos
olvidamos de los necesitados. Y a veces incluso nos sentimos molestos y hartos. *Otra persona más en otro semá-
foro* —pensamos—. *¿Pero cuántas monedas creen que he
de llevar encima?* Y sí, como los fariseos, a veces también
nosotros nos sentimos resentidos con aquellos a quienes
acusamos de intentar «hacernos sentir culpables».

Pero como el hombre de la mano seca, también
ellos tienen nombres e historias. Tienen temores sobre el
futuro y retortijones de hambre. No te preocupes de las

posibles razones por las que tienen una gran necesidad; fíjate simplemente en que su necesidad es obvia. Y como los fariseos, tenemos mucho que aprender del nazareno que nunca miró para otro lado.

TEMA DE ORACIÓN

Dale gracias a Dios que no miró para otro lado cuando vio tu necesidad, arrepiéntete de las veces en que te has comportado como un fariseo y pídele un corazón como el de Cristo hacia los necesitados.

AVANZANDO

o Obviamente no podemos responder a todas las necesidades, pero piensa en una ocasión en que habrías podido hacerlo pero no lo hiciste. ¿Por qué miraste para otro lado? ¿Cómo actuarías ahora si tuvieras una segunda oportunidad?

o ¿Por qué respondió Jesús a los necesitados del modo en que lo hizo? ¿Qué crees que veía cuando los miraba?

o Anota algunas formas en que puedes responder en el futuro a personas claramente necesitadas, además de darles dinero. Esta respuesta es demasiado fácil.

DÍA 27

POBRES

«[...] así que toda la gente procuraba tocarlo, porque de él salía poder que sanaba a todos. Él entonces dirigió la mirada a sus discípulos y dijo: "Dichosos ustedes los pobres, porque el reino de Dios les pertenece"».

Lucas 6:19-20 NVI

Sin duda, algunas de las multitudes que seguían a Jesús generaban una buena dosis de caos. Los más necesitados y devastados de los humanos se acercaban en masa a Jesús. La gestión logística de estas multitudes no era exactamente como un sistema de triaje con líneas de colores, o de pasillos móviles con puntos de control. ¡Era una continua batalla campal! Algo completamente nuevo, tanto para los desesperados que se reunían como para los discípulos.

Además, había una evidente desconexión relacional. Es evidente que los discípulos no veían a aquellas personas igual que Jesús. Una cosa era seguir a Jesús, pero otra aprender a amar y a servir a sus escogidos. Esto iba a tomar su tiempo.

Un día antes de ministrar a la multitud, Jesús hizo una pausa y se sentó con sus discípulos. Era una oportunidad perfecta para charlar sobre su idea del reino con respecto a la creciente multitud de pobres que le seguían a todas partes. Su enseñanza arrancó con la frase: «Dichosos ustedes los pobres, porque el reino de Dios les pertenece» (Lucas 6:20). En otras palabras: *Ese desastre que veis por allí, muchachos, es hermoso. ¿Y sabéis qué? No son muy distintos de vosotros.*

Jesús les explicó que la nueva jerarquía era un sistema invertido donde los primeros serían últimos y los últimos, primeros. Toda aquella gente devastada eran ahora los vips del reino de Dios. Eran bienaventurados. Afortunados. Y estaban en una mejor situación que las élites más cultas y sanas. No porque fueran económicamente pobres y físicamente enfermizos, sino porque su desesperación les hacía humildes y abiertos a todo lo que Jesús tenía que ofrecer.

Los ricos estaban por supuesto invitados, pero pocos de ellos eran suficientemente pobres de espíritu para aceptar la invitación. La humildad se encuentra en lugares modestos, y Jesús no se limitaba a tolerar o compadecer a las multitudes desesperadas y caóticas, sino que, de hecho, se deleitaba en su humildad. Les apreciaba y vino a reavivar sus corazones y a sanar sus cuerpos.

Sin prisas, pero sin pausas, los discípulos comenzaron a entender que mucho más allá de las sanaciones físicas, las promesas de Dios hacia los pobres eran asombrosas. Eternas. Muchos de los que se acercaban en masa —los más desfavorecidos de la humanidad— volvían sanos y bendecidos, herederos en el reino del Altísimo.

Esto era lo nuevo, la continua batalla campal del amor de Cristo.

> Porque así dijo el Alto y Sublime, el que habita la eternidad, y cuyo nombre es el Santo: Yo habito en la altura y la santidad, y con el quebrantado y humilde de espíritu, para hacer vivir el espíritu de los humildes, y para vivificar el corazón de los quebrantados (Isaías 57:15).

TEMA DE ORACIÓN

Pídele a Dios que te haga «quebrantado y humilde de espíritu» para que puedas experimentar avivamiento.

AVANZANDO

o Ponte en el lugar de los discípulos. ¿Te sería difícil ministrar a las multitudes desesperadas? ¿Por qué sí o por qué no?

o ¿Conoces a alguien que encaje especialmente en la categoría de «pobre de espíritu»? ¿Qué atributos te vienen a la mente?

o ¿De qué formas puedes esforzarte por ser «pobre de espíritu»?

PRESENCIA (PARTE 1)

«Aconteció que al pasar él por los sembrados
un día de reposo, sus discípulos, andando,
comenzaron a arrancar espigas. Entonces los
fariseos le dijeron: Mira, ¿por qué hacen en
el día de reposo lo que no es lícito?».

MARCOS 2:23-24

Ley 101. En realidad, no era ilegal arrancar espigas durante el sábado. Dios ordenó a su pueblo que descansara cada séptimo día, y Moisés especificó que no se encendiera ningún fuego ese día. Por ello, los judíos preparaban con antelación la comida del sábado. Había también una ley ceremonial que prohibía ciertas cosas que se agrupaban en tres categorías principales:

no preparar comida, no elaborar ropa o artículos de piel y no construir cosas.

Pero «arrancar» no estaba en ninguna lista. Los líderes religiosos tienen la manía de pedirles a las personas que hagan más de lo que pide Dios, a expensas del propósito de la ley. Dios quería que los judíos descansaran porque se pasaban el día haciendo tareas físicas y su trabajo era interminable: ¡se habían pasado cuarenta años recorriendo el desierto con la casa a cuestas! Por ello, cuando Dios les obligaba a descansar lo hacía por ellos, como cuando los padres fuerzan a sus agotados pequeños a hacer una siesta.

Pero, volvamos al relato.

> [...] él les dijo: ¿Nunca leísteis lo que hizo David cuando tuvo necesidad, y sintió hambre, él y los que con él estaban; cómo entró en la casa de Dios, siendo Abiatar sumo sacerdote, y comió los panes de la proposición, de los cuales no es lícito comer sino a los sacerdotes, y aun dio a los que con él estaban? (Marcos 2:25-26).

Historia 101. En la época del Antiguo Testamento, la casa de Dios (conocida como el tabernáculo) era el lugar en que Dios moraba en forma de nube o de columna de fuego. Aparte de su presencia, en las dos habitaciones del tabernáculo había unas pocas cosas más.

En primer lugar, un candelabro (menorá) de oro macizo que pesaba treinta y tres kilos y tenía seis brazos con pequeñas lámparas que ardían constantemente como única fuente de luz. A continuación, sobre el altar de incienso —hecho de madera de acacia, cubierto de oro y elevándose a un metro y medio de altura—, una fórmula especial de incienso ardía dos veces al día. Por último, una pequeña mesa ornamentada, hecha también de madera de acacia y cubierta de oro, frente al candelabro. Sobre ella los sacerdotes ponían doce hogazas (creo que *matzá* o panes sin levadura). Estas hogazas se horneaban una vez a la semana y sustituían a las anteriores, en reconocimiento a la constante presencia de Dios entre los israelitas (por ello se les llamaba «panes de la proposición o de la presencia» [LBLA]) (Éxodo 25:30).

Y todo esto para decir que estos rituales diarios de encender fuegos, quemar incienso y hornear pan se hacían para honrar la presencia de Dios.

Porque él estaba en aquella habitación.

Después retomaremos esto.

A pesar de las grandes bendiciones que Dios dio a David y de sus resultantes victorias en el campo de batalla, a veces era un hombre problemático. A menudo se dejaba llevar por sus apetitos físicos, y este incidente es un ejemplo de ello. David estaba en la lista de los más buscados del rey Saúl, y estaba huyendo de él, cansado y hambriento. De manera que cometió tres importantes infracciones:

1. David entró en la casa de Dios, un lugar al que solo los sacerdotes podían entrar.

2. David mintió al sacerdote, diciéndole que estaba en una misión secreta ordenada por Saúl. ¡No era así!

3. David casi exigió comer aquellos panes de la presencia, que solo los sacerdotes podían comer.

Irónicamente, los fariseos, tan obsesionados con las normas, tenían a David en la más alta consideración. Pero aquel nuevo predicador y sus discípulos... ¿cómo se atrevían a arrancar espigas? Como acabaría haciendo tantas veces, Jesús expuso la hipocresía de su indignación y redirigió la conversación hacia algo mucho más perturbador.

Continuará.

TEMA DE ORACIÓN

Pídele a Dios que te revele en qué punto tu importancia personal está por encima de las relaciones.

AVANZANDO

o ¿Te parece interesante o aburrido hablar sobre el tabernáculo, con toda su pompa y solemnidad? ¿Por qué?

o Imagínate la habitación donde estaba la presencia de Dios. Imagínate acercarte a la nube o a la columna de fuego. ¿Cómo afectaría el hecho de estar en su presencia, en aquel lugar cálido y sereno, la forma en que ves los requisitos de la ley?

o Imagínate ahora estar caminando al lado de Jesús. Piensa en el acceso sin límite, la conversación informal y el calor de su personalidad. Solo esto… imagina.

PRESENCIA (PARTE 2)

«¿Nunca han leído lo que hizo David en aquella ocasión, cuando él y sus compañeros tuvieron hambre y pasaron necesidad? Entró en la casa de Dios cuando Abiatar era el sumo sacerdote, y comió los panes consagrados a Dios, que solo a los sacerdotes les es permitido comer. Y dio también a sus compañeros. "El sábado se hizo para el hombre, y no el hombre para el sábado —añadió—. Así que el Hijo del Hombre es Señor incluso del sábado"».

MARCOS 2:25-28 NVI

Los discípulos iban andando de pueblo en pueblo con Jesús, escuchándole enseñar y viéndole sanar. Más que eso, le estaban conociendo en un plano personal e íntimo. Pasaban ratos juntos, compartían historias, reían, comían y dormían: tenían comunión con él. Intuyo que cuanto más tiempo pasaban con Jesús, menos les importaba lo que otros opinaban de él. Pero los fariseos tenían un poder real, y transgredir la ley del sábado tenía consecuencias, como la cárcel y hasta la muerte por lapidación.

Imagino que en el momento del enfrentamiento con ellos algunos de los discípulos estaban temblando. Puede que los más fanáticos se mostraran amenazadores y puede que otros estuvieran tan hartos de regulaciones religiosas que se habían vuelto apáticos. Sea como sea, todos los ojos de los discípulos estaban puestos en Jesús mientras los mantenía a raya en aquel campo de trigo.

Después, Jesús dio un paso adelante y les dijo: «El sábado se hizo para el hombre, y no el hombre para el sábado. Por tanto, el Hijo del Hombre es Señor aun del día de reposo» (Marcos 2:27-28).

Dos frases que no eran especialmente conciliadoras para las relaciones con los fariseos.

«El sábado se hizo para el hombre» (v. 27) significaba que uno de los propósitos de Dios al crear la ley era bendecir al ser humano. Quería que las personas descansaran y cargaran las baterías, que pasaran tiempo con la familia y los amigos, y que recordaran conscientemente sus bendiciones, su provisión y su constante presencia (#yomecuido). El sábado pretendía impartir vida y estaba en armonía con su primera práctica: el día en que Dios descansó después de crear toda la vida. Por otra parte, la segunda cláusula, «no el hombre para el sábado» (v. 27) significaba que las personas no tenían que asumir la regla como una carga, como servidores de ella. Dios simplemente deseaba la comunión con su pueblo, libre de las tareas que le distraían durante la semana. Quería que estuvieran con él y que fueran más conscientes de su presencia con ellos: los requisitos básicos de cualquier relación saludable.

Pero después la conversación dio un giro peligroso.

«Así que el Hijo del Hombre es Señor incluso del sábado» (v. 28). Hasta aquel momento, quizá algunos de los fariseos habían seguido la lógica de Jesús. Quizá no valga la pena insistir en lo de arrancar espigas, no sea que al final acabemos poniendo en entredicho al rey David. Y tiene razón en lo que dice de que Dios hizo el sábado para nuestro bien. Puesto que estos hombres se han limitado a comer y no han cocinado, probablemente nos estamos metiendo en camisa de once varas. Pero espera… ¿acaba de decir que *él* es Señor del sábado?

¡Pues sí! Jesús aludió repetidamente a sí mismo como el Hijo del Hombre, una referencia que, sin duda, no pasó desapercibida para los expertos en profecía con los que estaba hablando, porque así es exactamente como, en el siglo sexto a. C., Daniel aludía al Mesías que había de venir (Daniel 7:13). Y ahora Jesús lo usaba para aludir a sí mismo y concluir de la única forma posible: él es Señor (*i. e.*, él gobierna sobre el sábado). Primero David, después Daniel; fue un doble directo, dos puñetazos veterotestamentarios que hicieron perder el equilibrio a los fariseos... lo suficiente como para dar por terminada la conversación en aquel mismo instante. Al menos de momento.

Esta es la ironía. Aquellas reglamentaciones de los fariseos, que protegían la pompa y solemnidad del tabernáculo y el descanso sabático que tan intensamente imponían, tenían como objetivo reconocer y honrar la presencia de Dios. Sin embargo, allí mismo, frente a ellos estaba aquel de quien dependían sus vidas y ellos se negaban a reconocerlo. Los discípulos lo veían. Las necesitadas multitudes que venían de todas partes lo veían también. Pero aquellos hombres tan próximos a Jesús, tanto física como intelectualmente, eran incapaces de verlo. Es posible que, si hubieran estado más dispuestos a dejar de lado las distracciones de las tareas cotidianas a cambio de más presencia de Dios, lo hubieran visto.

Porque él estaba en aquella habitación.

TEMA DE ORACIÓN

Pídele a Dios que te perdone por aquellas veces en que has dado más valor a otras cosas que a su presencia, y pídele también que te dé ojos para verle cuando está presente.

AVANZANDO

- o ¿A qué cosas das prioridad en lugar de pasar tiempo en la presencia de Dios?

- o ¿En qué área de tu vida estás rechazando el señorío de Cristo?

- o ¿Qué es lo que más te gusta de pasar tiempo con Dios y qué tienes que cambiar para aumentarlo?

LUZ

«El que en él cree, no es condenado; pero el que no cree, ya ha sido condenado, porque no ha creído en el nombre del unigénito Hijo de Dios. Y esta es la condenación: que la luz vino al mundo, y los hombres amaron más las tinieblas que la luz, porque sus obras eran malas».

JUAN 3:18-19

Nicodemo fue a Jesús de noche. Quería sentarse, hablar, aprender y… esconderse. El Evangelio de Juan no especifica si aquel encuentro se celebró a oscuras para que sus compañeros fariseos no le vieran, pero las palabras de Jesús parecen implicar que fue así. *Hasta que no estés dispuesto a salir de la oscuridad y a entrar en la luz, no estarás conmigo.*

Pero vayamos un poco atrás en el tiempo.

La agresión pasiva de los fariseos se estaba convirtiendo en una agresión abierta. La reputación y seguidores de Jesús iban aumentando a medida que este desarrollaba su ministerio de enseñanza y sanación. Entre las multitudes, algunos creían que Jesús era el esperado Salvador, y estaban en lo cierto. De hecho, él mismo lo estaba diciendo repetidamente, y esta era la razón por la que los fariseos ya no escondían su desdén. Algunos tramaban matar a Jesús y otros lo intentaban abiertamente, pero los líderes religiosos intentaban ocultar sus planes porque temían la reacción de sus seguidores.

Por ello es lógico que Nicodemo, un fariseo importante con una reputación y carrera que proteger, tuviera miedo de que le vieran con Jesús. Sin embargo, lo primero que le dijo en su reunión secreta fue: «Rabí, sabemos que has venido de Dios como maestro; porque nadie puede hacer estas señales que tú haces, si no está Dios con él» (Juan 3:2). Iba por buen camino. Jesús procedía de Dios y sus obras lo ponían de relieve. En general, los fariseos eran los mayores fanes de ellos mismos; estaban orgullosos de su educación, logros, piedad y celo, y todas estas cosas eran indicadores de categoría y poder. Esto hacía que para Nicodemo fuera difícil saber cómo responder al hombre que venía claramente de Dios, y la alabanza más elevada con que podía honrarle era llamarle «maestro».

Pero Nicodemo se quedó corto, y la respuesta de Jesús, aunque amable, no se fue por las ramas. Parafraseando, fue algo así:

Puesto que soy el Hijo de Dios, cualquiera que crea en mí tendrá vida eterna, y quien no crea será condenado, aunque no he venido a condenar sino a salvar. Pero lamentablemente, Nicodemo, lo que tú consideras digno de salvación —tu currículum, tu posición, tu ambición, tus buenas obras— para mí es perverso porque son precisamente las cosas que te impiden seguirme ahora.

No querer encontrase con Jesús a plena luz del día mostraba a las claras que Nicodemo no quería seguirle, punto. Al menos aquella noche. Aunque no lo sabía, a Nicodemo le gustaba la oscuridad y todo lo que había construido en ella. No fue hasta que Jesús fue crucificado que este reticente fariseo emergió de las sombras.

José de Arimatea, que era discípulo de Jesús, [...] se llevó el cuerpo de Jesús. También Nicodemo, el que antes había visitado a Jesús de noche, vino trayendo un compuesto de mirra y de áloes, como cien libras. Tomaron, pues, el cuerpo de Jesús, y lo envolvieron en lienzos con especias aromáticas, según es costumbre sepultar entre los judíos. Y en el lugar donde había sido crucificado, había un huerto, y en el huerto un sepulcro nuevo, en el cual aún no había sido puesto ninguno. Allí, pues, por causa de la preparación de la pascua de los judíos, y porque aquel sepulcro estaba cerca, pusieron a Jesús (Juan 19:38-42).

¿Qué produjo este cambio? ¿Qué hizo que Nicodemo estuviera dispuesto a expresar públicamente su amor por Jesús? Puede que fuera su injusta condena a manos de los fariseos. O fue quizá la brutalidad de los romanos al ejecutar la sentencia, o los vítores de la misma multitud a quien Jesús había enseñado, alimentado y sanado. Pero lo más probable es que este cambio fuera resultado de una culpa inmensa: un intento de compensar su cobardía anterior. Fuera cual fuera la razón o razones, Nicodemo ya no estaba ciego por el temor, el orgullo y la incredulidad que le habían cegado antes.

«Despiértate, tú que duermes, y levántate de los muertos, y te alumbrará Cristo» (Efesios 5:14).

TEMA DE ORACIÓN

Si hay alguna parte de tu vida en la que estás escondiendo tu pasión por Cristo, o algo vergonzoso, pídele a Dios que te dé luz.

AVANZANDO

o ¿Qué has arriesgado para seguir a Jesús y qué precio has pagado?

o ¿De qué formas es Cristo como luz? ¿De qué formas están dormidas las personas?

o ¿Qué cosas de tu vida y corazón sigues todavía manteniendo en la oscuridad, lejos de la penetrante y transformadora luz de Jesús?

PODER

«[Cristo está] muy por encima de todo gobierno y
autoridad, poder y dominio, y de cualquier otro nombre
que se invoque, no solo en este mundo,
sino también en el venidero».

EFESIOS 1:21 NVI

Nicodemo y sus colegas del sanedrín eran quienes hacían
las leyes políticas y religiosas de su tiempo y quienes vela-
ban por su cumplimiento. Publicaban un desconcertante
revoltijo de estatutos que abarcaban hasta las minucias
más legalistas e imposibles de cumplir. Eran especialmente aficionados a legislar observancias para el sábado
y leyes sobre la pureza y la práctica del diezmo.

Naturalmente, los fariseos creaban toda clase de
evasivas para ellos mismos. Consideraban que la cambiante «ley oral» era tan vinculante como la escrita. En
otras palabras, podían cambiar (o seguir) una determinada ley como y cuando les pareciera apropiado. Por

ello, el pueblo consideraba a este grupo de legisladores hipócritas como zelotes hipócritas y déspotas. Su desvergonzada arrogancia producía resentimiento y una obediencia basada en el temor.

Eran, esencialmente, matones refinados.

Por lo que a Nicodemo se refiere, merecía la gloria que tenía. Se la conferían su dominio de la Escritura, formación religiosa, prominencia en la comunidad y el poder para meter a la gente en la cárcel por, digamos, pescar en sábado. ¿Y quién se atrevería a cuestionarle? ¿Qué hombre normal tenía más poder que él? Nicodemo descubrió las respuestas cuando se encontró con Jesús.

Este no parecía muy importante. No se adornaba con elaboradas prendas de vestir, filacterias y largas borlas como solían hacer los fariseos. Ni tampoco blandía una lista de credenciales ni exigía deferencia. Sin embargo, su poder desafiaba y anulaba todos los sistemas de la jerarquía institucional.

Su autoridad era de otro mundo, y la ejercía con compasión y gracia. Era innegable. Jesús echaba fuera demonios y hacía milagros. Y Nicodemo estaba entre los pocos hombres en el poder que sabía exactamente lo que esto significaba: Jesús había sido enviado por Dios.

Y aunque su presencia amenazaba su posición, poder y sustento, Nicodemo se sentía profundamente atraído en su corazón, y aquello le obligaba a arriesgar todo lo que había construido. En Jesús había encontrado una verdad y poder reales, no la invención religiosa de la que él formaba parte. Había encontrado al Verbo, que se había hecho carne y habitaba entre ellos (Juan 1:14). El cuerpo de la Escritura, que Nicodemo había dedicado toda su vida a conocer, le conocía personalmente. Había encontrado la esperanza a la que había sido llamado.

Y era inmensamente poderosa.

TEMA DE ORACIÓN

Arrepiéntete de las veces que has valorado tu posición más que la humildad; pídele después a Dios que te lleve a una adoración agradecida y reverente por tener una relación contigo.

AVANZANDO

o Piensa en un tiempo en que te has creído mejor que alguien por tu posición religiosa o por las decisiones que has tomado o no.

o Piensa en una regla o decisión sobre tu estilo de vida que has considerado importante en detrimento, quizá, de una relación más directa o pura con Jesús.

o Aunque rara vez hemos de correr riesgos importantes para seguir a Jesús, menciona algunas cosas que te ha costado arriesgar para seguir a Jesús.

CREER

«Porque tanto amó Dios al mundo que dio a su Hijo unigénito, para que todo el que cree en él no se pierda, sino que tenga vida eterna».

Juan 3:16 NVI

Las promesas y los pactos son iguales pero distintos. Una promesa es una declaración de que algo se va a hacer o no. Un pacto es un contrato, un acuerdo formal entre dos partes o más. En el Antiguo Testamento, Dios hizo promesas en forma de pactos con el Israel de la antigüedad.

Teniendo en cuenta que él tomó la iniciativa, que es Dios y que sabe lo que conviene a su pueblo, él dictó los términos y condiciones del pacto. Dios prometió proteger a los israelitas si estos guardaban su ley y eran fieles.

Pero no lo hicieron.

Era imposible. No porque el plan de Dios fuera deficiente, sino porque lo era su pueblo escogido. El pacto servía para ilustrar su desesperada necesidad de un Dios perfecto. No fue diseñado para salvarles, sino para apuntar a aquel que podía hacerlo.

Entra en escena el nuevo pacto. Entra Jesús. Jesús es el nuevo pacto. Si has nacido de nuevo, serás salvo. Este es el nuevo contrato, el nuevo acuerdo formal. Nicodemo quedó terriblemente confundido.

Jesús le explicó: «De veras te aseguro que quien no nazca de nuevo no puede ver el reino de Dios» (Juan 3:3 NVI).

«¿Cómo puede uno nacer de nuevo siendo ya viejo? —preguntó Nicodemo—. ¿Acaso puede entrar por segunda vez en el vientre de su madre y volver a nacer?» (v. 4).

El hecho de que Nicodemo fuera un fariseo hizo que su respuesta sonara mucho más estúpida. Jesús señaló que Nicodemo había dedicado su vida a estudiar y a enseñar el antiguo pacto, que el antiguo pacto apuntaba al nuevo pacto, y que el nuevo pacto estaba allí mismo, delante de él... de modo que era evidente que Jesús *no* estaba hablando de entrar por segunda vez en el vientre de su madre, y que Nicodemo habría tenido que ser más rápido en pillarlo.

Pero no lo fue.

Nicodemo estaba perdido, atascado en lo externo. Vivía en un mundo de afectaciones externas, oraciones minuciosas y vacías, ridículos atuendos y un abuso sistemático del pueblo. Todo era falseado. La fe no formaba parte del haber religioso de Nicodemo. Pero la necesitaba para creer a ese maestro que venía de Dios, hablando de carne que engendra carne y de Espíritu que engendra espíritu.

Es algo del corazón, Nico. Corazón, no obras. Requiere una fe real.

Representando el nuevo pacto, Jesucristo estaba allí, delante de él, pronunciando la promesa más extraordinaria hecha jamás: *Si naces de nuevo, verás el reino de los cielos. Si crees, no perecerás, sino que tendrás vida eterna. Yo ya te he escogido; ahora tú decides.*

Nicodemo, ¿qué dices tú?

TEMA DE ORACIÓN

Dale gracias a Dios por ser libre de la ley, pero en respuesta, pídele que te dé más fe y más celo.

AVANZANDO

o ¿Te es a veces difícil creer que el nuevo pacto ha sustituido al antiguo? ¿O sigues pensando alguna vez que seguir las reglas es más importante?

o ¿De qué formas te identificas con Nicodemo?

o Describe el momento en que supiste que tenías que tomar una decisión sobre Jesús.

PERCIBIR

«La lámpara del cuerpo es el ojo; así que, si tu ojo es bueno, todo tu cuerpo estará lleno de luz; pero si tu ojo es maligno, todo tu cuerpo estará en tinieblas. Así que, si la luz que en ti hay es tinieblas, ¿cuántas no serán las mismas tinieblas?».

Mateo 6:22-23

Lo que percibes depende de tu forma de ver (mirar). Vida y muerte, luz y oscuridad: tú decides el desenlace cuando escoges a quién vas a seguir. Si te dejas guiar por el explorador de la gran linterna, llegarás al campamento sano y salvo; si lo ignoras, te sentirás desorientado, perdido y acabarás devorado por un oso.

La decisión es tuya. Sea cual sea la ruta, son tus ojos los que informan a tu cuerpo de cómo proceder; son ellos los que comunican a tu cuerpo y alma qué camino seguir.

Naturalmente, nadie que ignora la luz piensa que acabará siendo el almuerzo de un oso. El camino que ha tomado es mejor, cree, o al menos más fácil. Sea como sea, es incapaz de discernir en la oscuridad que lleva directamente a la cueva del oso. Jesús dijo: «Yo soy la luz del mundo. El que me sigue no andará en tinieblas, sino que tendrá la luz de la vida» (Juan 8:12 NVI). De hecho, él les dijo a sus oyentes que, si querían salir vivos de los bosques, harían bien en seguir al que tenía la linterna.

Los fariseos se mostraron indignados por estas afirmaciones. Declararon conocer los bosques como la palma de su mano y querían saber quién le había nombrado explorador. Los fariseos interpelaron a Jesús públicamente, y basándose en sus respuestas, muchos de quienes escuchaban creyeron que Jesús era, sin duda, la luz del mundo. Y puesto que tomaron la decisión de seguirle, tenían la luz.

Así es como funciona, en este orden: cuando decides seguirle, *tienes* la luz porque él *es* la Luz. Es él quien te da la capacidad de ver el camino y percibir lo que te rodea tal como es realmente. No hay ningún remedio casero para que nuestros ojos funcionen bien y nuestra percepción sea correcta. Jesús es el único que puede hacer que veas.

Una vez que tus ojos sean buenos (*i. e.*, saludables), todo lo será porque lo que percibes afecta todo tu ser. «Si tu ojo es bueno, todo tu cuerpo estará lleno de luz», dijo Jesús en Mateo 6:22. Los médicos exploran los ojos de ciertos pacientes inconscientes con una linterna para comprobar que no hay muerte cerebral. Si el ojo responde a la luz y la pupila se contrae, el cerebro del paciente está bien. Si no reacciona, entonces está muerto.

Pero a diferencia de lo que sucede con la persona afectada de muerte cerebral, nunca es demasiado tarde para tomar la decisión de seguir la luz. Podemos decidir responder a aquel que nos escogió primero. Él es la Luz. Conoce el camino y nos guiará felizmente de vuelta al campamento.

TEMA DE ORACIÓN

Dale gracias a Dios por sanar tus ojos, pero pídele que te ayude a no tomar esto a la ligera y a ver siempre «claramente».

AVANZANDO

o Describe tu experiencia cuando te diste cuenta de que veías y percibías las cosas con claridad.

o ¿Cómo ha afectado la salud de tus ojos a todo tu cuerpo? En otras palabras, ¿cómo ha afectado tu correcta percepción de Cristo a tu vida en general?

o ¿En qué circunstancias has rechazado la «linterna del explorador» y qué puedes hacer para que no suceda con demasiada frecuencia?

PRECIOSOS

«Empezaron a llevarle niños a Jesús para que los tocara, pero los discípulos reprendían a quienes los llevaban. Cuando Jesús se dio cuenta, se indignó y les dijo: "Dejen que los niños vengan a mí, y no se lo impidan, porque el reino de Dios es de quienes son como ellos"».

MARCOS 10:13-14 NVI

En ocasiones los discípulos se comportaban de maneras ridículas. No hay duda de que algunos de los niños que llevaban a Jesús padecían algún tipo de dolencia y que sus preocupados padres los llevaban a Jesús para que este les impusiera las manos y los sanara. Por ello, al impedir que los niños se acercaran a Jesús, los discípulos estaban también impidiendo la sanación de algunos de ellos.

No era precisamente un momento para pedir deseos.

Y Jesús se indignó, lo cual revela lo que sentía en aquella situación. Impedir, de algún modo, que aquellos preciosos pequeños pudieran llegar a él suscitaba su justa ira. Porque los niños no eran solo personas vulnerables y necesitadas, sino que representaban exactamente a aquellos que él había venido a salvar.

«El reino de Dios es de quienes son como ellos» (Marcos 10:14 NVI).

Los niños son sencillos y responden asombrados al mundo que les rodea. Son seres ingenuos y expectantes, moldeables y confiados. No son por naturaleza cínicos o críticos; estos rasgos vienen con la edad y acompañan al egoísmo, la confianza en uno mismo, la autoprotección, promoción y alabanza. Por el contrario, los niños (al menos la mayoría de ellos) están dispuestos a aplazar y a recibir, y aceptan de buen grado la protección y cuidados del Salvador, así como su guía y amor.

Los niños se acercaban a Jesús de una forma que deberíamos imitar.

«Les aseguro que el que no reciba el reino de Dios como un niño de ninguna manera entrará en él. Y después de abrazarlos, los bendecía poniendo las manos sobre ellos» (Marcos 10:15-16).

Jesús reprendió a los discípulos por restringir el acceso a él, y lo mismo sucede con nosotros. Nuestras ideas preconcebidas sobre cómo funciona nuestra relación con Dios, y nuestras elevadas opiniones sobre cómo *debería* funcionar, limitan nuestra capacidad de recibir todo lo que él tiene para nosotros. Nuestros sistemas religiosos basados en los méritos nos limitan. Preferiríamos poder ganarnos el derecho a tener comunión con él. Nuestras desilusiones, amarguras y actitudes defensivas nos limitan. Y también nos limitan nuestra vergüenza, culpa e inseguridad, nuestro orgullo por nuestro aspecto y logros, y nuestro deseo de controlar nuestra vida. Todo ello nos impide acercarnos libremente a aquel que nos considera preciosos.

Los niños se acercaban a Jesús sin nada de valor que ofrecerle, excepto su amor y entusiasmo por estar allí en aquel momento. Jesús quería pasar tiempo con ellos, abrazarlos y sanarlos. *Quería* hacerlo. Y también nosotros somos preciosos para Jesús cuando reconocemos nuestra necesidad de su ayuda, cuando estamos dispuestos a aplazar, a recibir, a ser guiados y amados. Somos preciosos cuando vamos a Jesús con la simple expectativa de que, por ser quien es y por cómo nos ama, somos bienvenidos, queridos, perdonados y seremos restaurados.

TEMA DE ORACIÓN

En un espíritu de fe «infantil», ofrece a Dios algunas oraciones populares de niños, pero hazlo en serio, de corazón.

AVANZANDO

o Menciona algunas de las limitaciones que has impuesto a tu relación con Jesús. ¿Qué te impide tener una comunión más estrecha con él?

o Lee Isaías 43:1-4, Lucas 12:6-7 y Romanos 5:6-8. Según su Palabra, ¿qué ve Dios cuando te mira?

o Menciona algunos nuevos hábitos y patrones de pensamiento que tienes que desarrollar para acercarte a Dios de un modo más ingenuo, confiado y precioso.

LIBERADOS (PARTE 1)

«Enseñaba Jesús en una sinagoga en el día de
reposo; y había allí una mujer que desde hacía
dieciocho años tenía espíritu de enfermedad, y
andaba encorvada, y en ninguna manera se podía
enderezar. Cuando Jesús la vio, la llamó y le dijo:
Mujer, eres libre de tu enfermedad. Y puso las manos
sobre ella; y ella se enderezó luego, y glorificaba a
Dios. Pero el principal de la sinagoga, enojado de
que Jesús hubiese sanado en el día de reposo, dijo
a la gente: Seis días hay en que se debe trabajar;
en estos, pues, venid y sed sanados, y no en día
de reposo. Entonces el Señor le respondió y dijo:
Hipócrita, cada uno de vosotros ¿no desata en el día
de reposo su buey o su asno del pesebre y lo lleva a

beber? Y a esta hija de Abraham, que Satanás había atado dieciocho años, ¿no se le debía desatar de esta ligadura en el día de reposo?».

Lucas 13:10-16

Periodista: Gracias por haber venido. Como parte de nuestra serie *¿Dónde están ahora?*, nos estamos reuniendo con algunas mujeres que experimentaron sanaciones que cautivaron toda la región. Me gustaría hablar de sus singulares encuentros con Jesús y de cómo tales momentos han cambiado sus vidas. Hija de Abraham, vamos a empezar con usted. Cuéntenos lo que sucedió aquel funesto día en el templo. ¿Recuerda qué estaba Jesús enseñando concretamente?

Hija de Abraham: Recuerdo *cómo* enseñaba: lo hacía con tal poder y autoridad que me hacía preguntarme si los otros maestros sabían alguna cosa. Me sentía cautivada por sus palabras e intentaba volver mi cuerpo para poder verle, pero no podía. Fue entonces cuando me vio y me pidió que pasara al frente.

Periodista: ¿Tuvo algún temor?

Hija de Abraham: No tenía miedo, pero sí estaba sorprendida. Que un hombre se dirigiera a mí en público fue algo inesperado, y ser el centro de atención, un poco desconcertante, pero nunca tuve miedo. Tenía muchas ganas de llegar hasta donde estaba Jesús. Tardé casi un minuto; por mi enfermedad, ya sabe.

Periodista: ¿Cómo reaccionó la congregación?

Hija de Abraham: Hubo unos momentos de calma tensa. Después Jesús rompió el silencio y dijo: «Mujer, eres libre de tu enfermedad». Y me impuso las manos.

Periodista:¿Fue entonces cuando su cuerpo se enderezó?

Hija de Abraham: Sí, inmediatamente. Jesús fue la primera persona con quien estuve cara a cara en casi dos décadas. ¡Comencé a alabar a Dios como una loca!

Periodista: Alguien me ha dicho que el dirigente de la sinagoga no compartió precisamente su entusiasmo.

Hija de Abraham: La verdad es que no. No lo hizo. Se alteró mucho hablando de las curaciones en sábado, pero Jesús lo puso en su lugar. Fue algo muy sorprendente.

Periodista: Jesús la llamó «hija de Abraham», y yo diría que esto es algo bastante significativo. ¿Cómo se sintió cuando dijo esto?

Hija de Abraham: Exultante. Jubilosa. Extática. Pero no hay una sola palabra que pueda expresar lo que sentí. Al llamarme hija de Abraham, estaba informando a todos los de la sinagoga que las mujeres tienen la misma posición espiritual que los hombres. Somos iguales en el reino. Para ser honesta, fue exactamente igual de extraordinario que el hecho de haberme enderezado, si no más.

Periodista: ¿Cómo cambió su vida desde aquel día?

Hija de Abraham: Pues mire, cambió de toda forma imaginable. ¡Me eligió a mí! ¡A mí! En un momento, sanó mi cuerpo y me asignó la identidad que Dios me dio. Me sigue sorprendiendo cada una de las palabras que dijo, lo que hizo y el profundo sentido de todo ello.

Periodista: ¿Podría ser más explícita?

Hija de Abraham: Que soy elegida y he sido liberada.

TEMA DE ORACIÓN

Lleva tus vicios a Dios, cualquier cosa que se haya apoderado de tu corazón más de lo debido, y pídele a Dios que te ayude a librarte de ello.

AVANZANDO

o ¿Qué nombre te gustaría que te diese Jesús?

o Si Jesús se pasara por tu iglesia y te llamara para que pasaras al frente, ¿de qué crees que querría librarte?

o ¿Qué pasos puedes comenzar a dar para liberarte de cualquier vicio que te ha estado dominando?

LIBERADOS (PARTE 2)

«Cuando oyó hablar de Jesús, vino por detrás entre la multitud, y tocó su manto. Porque decía: Si tocare tan solamente su manto, seré salva. Y en seguida la fuente de su sangre se secó; y sintió en el cuerpo que estaba sana de aquel azote. Luego Jesús, conociendo en sí mismo el poder que había salido de él, volviéndose a la multitud, dijo: ¿Quién ha tocado mis vestidos? Sus discípulos le dijeron: Ves que la multitud te aprieta, y dices: ¿Quién me ha tocado? Pero él miraba alrededor para ver quién había hecho esto. Entonces la mujer, temiendo y temblando, sabiendo lo que en ella había sido hecho, vino y se postró delante de él, y le dijo toda la verdad. Y él le dijo: Hija, tu fe te ha hecho salva; ve en paz, y queda sana de tu azote».

MARCOS 5:27-34

Periodista: Mujer con flujo de sangre, su sanación se produjo en circunstancias bastante distintas. Cuéntenos, por favor, cómo fue su encuentro con Jesús.

Hija: En adelante llámeme simplemente «hija», por favor. Como Hija de Abraham, también yo estuve afligida por una enfermedad durante mucho tiempo; doce años exactamente. Había visto muchos médicos, y ninguno pudo ayudarme. Estaba desesperada.

Periodista: ¿Lo suficiente como para arriesgarse a mezclarse con la multitud?

Hija: Sí, tenía que hacerlo. Era la única forma de llegar a Jesús. Sabía que era posible que alguien me reconociera y me denunciara. La impureza ceremonial no es un delito cualquiera, ¿sabe? Tengo prohibido cualquier contacto humano, pero tenía que intentarlo.

Periodista: Y se encontró allí, empujada de un lado a otro por una multitud de personas. Háblenos del momento en que tocó el manto de Jesús, el toque que ha cautivado el corazón y la imaginación de creyentes de todos los tiempos y lugares. ¿Fue usted sanada en aquel momento?

Hija: Sí. Inmediatamente. Sentí como si todo su ser, también su manto, estuviera saturado del poder milagroso de Dios. El flujo de sangre se detuvo. Sentí en mi cuerpo que había quedado libre de mi sufrimiento.

Periodista: Imagino que usted esperaba escabullirse entre la multitud sin que nadie se diera cuenta de lo que había pasado, pero esto no fue lo que sucedió, ¿no?

Hija: ¡No, no! Lo que sucedió fue que Jesús se volvió hacia la multitud y preguntó: «¿Quién me ha tocado?». Me quedé paralizada. No sabía si estaba indignado o no. Pero él siguió buscando con la mirada. Enseguida me di cuenta de que, *por supuesto, sabría que había sido yo. Era Jesús. Solo su manto me había sanado.* Así que di un paso adelante y caí a sus pies.

Periodista: Le haré la misma pregunta que le hice a Hija de Abraham: ¿tuvo algún temor?

Hija: Las circunstancias eran, sin duda, aterradoras. Cuando le dije la verdad estaba temblando, pero casi de inmediato se desvaneció cualquier temor que pudiera tener acerca de él. Sus ojos estaban llenos de compasión. Podría haber seguido su camino, pero se detuvo, no para reprenderme, sino para mostrarme su reconocimiento. Él me escuchó, se identificó con mi sufrimiento y me dijo: «Hija, tu fe te ha hecho salva; ve en paz, y queda sana de tu azote».

Periodista: ¿Cómo ha cambiado su vida desde aquel día?

Hija: Evidentemente he sido sanada físicamente, pero mi curación no ha eliminado mi necesidad de Jesús, sino que me ha conectado con ella. Me ha hecho libre para concentrarme en desarrollar mi vida en él. Precisamente aquello que Satanás quería utilizar para destruirme, Jesús lo usó para restaurar nuestra relación personal y para sanarme en todos los sentidos. Soy elegida y liberada.

TEMA DE ORACIÓN

¿Recuerdas la oración del apartado anterior? Sigue con ella. Sigue llevándole tus vicios a Dios y pídele que te libre de ellos. Es normal sentirte, a veces, desesperado.

AVANZANDO

o ¿Qué cosas estás dispuesto a arriesgar para llegar a Jesús?

o Describe un tiempo en que te has sentido desesperado por estar en su presencia. ¿Qué es lo que hiciste?

o ¿Cómo ha restaurado Jesús las partes de tu vida que Satanás ha intentado usar para destruirte?

CREADOS

«Porque somos hechura suya, creados en Cristo Jesús para buenas obras, las cuales Dios preparó de antemano para que anduviésemos en ellas».

EFESIOS 2:10

¿Por qué molestarte en crear algo?

¿Por qué inventar este artilugio en concreto cuando en el supermercado hay algo que se le parece mucho, aunque no es igual? ¿Qué sentido tiene pintar un original cuando disponemos de incontables reproducciones? ¿Por qué abrir esta *boutique* de cafés del mundo con la que has estado soñando si hay docenas de franquicias por todas partes?

¿Por qué construir o fabricar algo cuando es mucho más fácil… no hacerlo?

Buena pregunta. Especialmente después de evaluar los riesgos y beneficios de cada opción e imaginar algunos de los peores escenarios. Solo necesitamos cinco segundos para darnos cuenta de que crear algo significativo puede ser caro y complicado.

¿Por qué, pues, puede merecer la pena?

Pregúntale a un inventor, artista o emprendedor y recibirás una respuesta sencilla: merece la pena. Te dirán que no hay que pensar solo en el producto final. Te hablarán de la alegría del proceso: la satisfacción de la lluvia de ideas, la resolución de problemas, la implementación, el crecimiento y la mejora. Se les iluminará el rostro a medida que desglosan los inesperados descubrimientos hechos durante el proceso, el premio de persistir y las increíbles y nuevas posibilidades que se han abierto para dar y amar.

Pregúntale al propio Creador y te dirá lo mismo. Merece la pena. Él pagó el precio y sabe cuál es nuestra recompensa. Él es mayor que cualquier escenario difícil que pueda surgir. Lee su Palabra y descubrirás que él te creó, formó, redimió y llamó por nombre. Te dirá que tiene un plan para tu vida y que no eres una versión rebajada de nadie, algo que se le parece mucho pero que no es igual. Tú eres tú, y tienes un propósito específico. En toda su colección no hay una sola reproducción. Y a pesar de lo extensamente poblado que está el planeta, tu vida demuestra que eres necesario y confirma que hay determinadas buenas obras que tienes que hacer tú.

Puesto que fuimos hechos a imagen de Dios, hemos sido creados para soñar, crear, servir, amar y vivir en las cosas que él creó de antemano para que las hiciéramos nosotros. El descubrimiento y avance de todo ello es para nuestro bien y para su gloria. Es algo realmente grande, y en esta experiencia captamos los destellos más transformadores de quién es él y de quiénes somos nosotros en él.

Mira a Pedro, Mateo y al resto del grupo. Antes de que Jesús les llamara por nombre, Dios ya había planeado cada evento que hoy leemos en la Biblia. Fueron elegidos. Sus buenas obras estaban ya preparadas. Su tarea consistía en andar en ellas.

Y para que la grandiosidad de su llamamiento no nos lleve a compararnos negativamente con ellos, recordemos que hemos sido escogidos para hacer lo mismo: promover el reino y hacer discípulos. Dios ha creado ya las formas concretas por las que podemos cumplir la gran comisión. Nuestra tarea es ponernos manos a la obra, y lo maravilloso es que podemos hacerlo en cualquier momento y lugar: en un taller de reparaciones, en una clase de pintura o en la mesa de una cafetería.

TEMA DE ORACIÓN

Pídele a Dios que te muestre cómo puedes maximizar tu llamamiento y descubrir las «buenas obras» que él preparó de antemano para que las hiciéramos.

AVANZANDO

- o Describe una obra o ministerio significativo en los que has formado parte.

- o ¿Qué has aprendido cuando lo hacías?

- o ¿Qué oportunidades especiales puedes crear para promover el reino?

LOBOS

«Cuídense de los falsos profetas.
Vienen a ustedes disfrazados de ovejas,
pero por dentro son lobos feroces».

MATEO 7:15 NVI

A los lobos no se les detecta porque su disfraz sea malo. Al contrario, conocen bien su oficio y se visten perfectamente para la ocasión. Han estudiado las tendencias y entienden la importancia de adaptarse a las cambiantes preferencias y deseos de las ovejas. Una clave es conseguir una marca, diseño o logo diferenciado, y afortunadamente para los lobos nunca ha sido tan fácil como hoy.

Los lobos saben a qué pueden sacarle partido: se llama gratificación inmediata. También los tuits cortitos y los memes bien seleccionados pueden eclipsar al verdadero conocimiento bíblico cualquier día de la semana. ¿Responsabilidad social? Es siempre un plus de rentabilidad para los negocios. Y, naturalmente, ser la mejor versión de ti mismo. O ser simplemente tú mismo. #selfie #yolovalgo #yomecuido #yoyoyo

Los lobos apelan a las masas. No venden disensión o controversia; esto sería una locura. La controversia podría servir para un blog de segunda categoría, pero no para llenar estadios. Lo que vende y genera increíbles dividendos es la unidad, la inspiración y la buena voluntad. #clinc

¡Desde luego! Y, además, hace que el mundo sea un lugar mejor y… bla, bla, bla. «¿Quiénes somos nosotros para juzgar alguna cosa o a alguien?», dice el lobo para salir al paso de cualquier posible discernimiento. «Estamos aquí para extender el amor y ser gente genial». #esnecesarioqueyocrezca #siguememas #digoloquequieresoir

Unidad, automóviles usados, multipropiedades, espiritualidad… da igual, son meros productos. Y como cualquier vendedor que se precie, el lobo conoce el producto mejor que los consumidores. Se apoya en su creatividad, mensaje, marca y personalidad. Claro que se habla de Jesús, pero es de forma casual y anecdótica, no dándole su lugar como el Mesías, el Hijo del Dios viviente. Esto haría de Jesús el protagonista y sería malo para el negocio. Los lobos llaman la atención sobre sí mismos, sus nombres, sus productos —y, lo que es más destructivo, sobre su opinión acerca de la bondad y el amor— con narrativas mucho más a la moda que las polvorientas palabras de ayer.

Los lobos usan todos los medios posibles para satisfacer su hambre de reconocimiento, honor, prestigio y riqueza. Y en un momento en que se celebra la vanagloria, y en que la ambición pura y dura parece energía filantrópica de alta intensidad, se ha hecho más difícil detectar a los lobos.

Pero debemos detectarlos para que no nos engañen.

¿Cómo, pues, lo hacemos? Para empezar, dejemos de consumir. Dejemos de optar por relatos singulares e inspiradores sobre Jesús y vayamos directamente a la inspirada Palabra de Dios. Leamos sus relatos y meditemos en sus palabras. Sustituyamos las gratificaciones inmediatas por la satisfacción a largo plazo del alma permitiendo que sea Cristo quien determine nuestras preferencias y deseos. Rechacemos cualquier mensaje que prometa un camino fácil o sin oposición en contraste con lo que Jesús mostró y enseñó. Aprendamos quién es Jesús y quiénes somos nosotros en él: somos elegidos. Elegidos no para ser explotados por los lobos, sino para estar con el Dios vivo y verdadero, ahora y por toda la eternidad.

TEMA DE ORACIÓN

Pídele a Dios que te dé discernimiento para identificar a los lobos o a sus mensajes.

AVANZANDO

o   Jesús dijo: «Por sus frutos los conoceréis» (Mateo 7:16 NVI). ¿Qué significa esto?

o   ¿Cómo puedes mejorar tus capacidades para identificar a los lobos?

o   ¿Qué medidas puedes tomar para proteger tu corazón, mente y seres queridos de los lobos?

MANANTIAL

«[Jesús] Vino, pues, a una ciudad de Samaria llamada
Sicar, junto a la heredad que Jacob dio a su hijo
José. Y estaba allí el pozo de Jacob. Entonces Jesús,
cansado del camino, se sentó así junto al pozo. Era
como la hora sexta. Vino una mujer de Samaria a
sacar agua; y Jesús le dijo: Dame de beber. Pues sus
discípulos habían ido a la ciudad a comprar de comer.
La mujer samaritana le dijo: ¿Cómo tú, siendo judío,
me pides a mí de beber, que soy mujer samaritana?
Porque judíos y samaritanos no se tratan entre sí.
Respondió Jesús y le dijo: Si conocieras el don de
Dios, y quién es el que te dice: Dame de beber;
tú le pedirías, y él te daría agua viva».

JUAN 4:5-10

Era mediodía en Samaria y Jesús estaba hablando con una mujer. Era una situación extraordinaria porque, en general, los judíos odiaban a los samaritanos. Siendo descendientes de matrimonios mixtos (algo que la ley judía prohibía), los samaritanos eran mitad judíos y mitad gentiles y, por tanto, completamente despreciados. De hecho, aunque Samaria estaba situada entre Judea y Galilea, cuando tenían que desplazarse entre estas dos regiones, los judíos estaban dispuestos a hacer un recorrido más largo para no pasar por esta zona.

Pero Jesús no lo hizo.

Es también sorprendente el momento de la escena, porque el agua se sacaba siempre por la mañana, cuando el sol todavía no calentaba. El pozo estaba en las afueras del pueblo, y sacar y acarrear agua era una tarea pesada. Hacerlo al mediodía, a pleno sol, en una zona desértica era una clara señal de que esta mujer estaba evitando a la gente, y Jesús sabía por qué.

> Jesús le dijo: Ve, llama a tu marido, y ven acá.
> Respondió la mujer y dijo: No tengo marido.
> Jesús le dijo: Bien has dicho: No tengo marido; porque cinco maridos has tenido, y el que ahora tienes no es tu marido; esto has dicho con verdad (Juan 4:16-18).

Probablemente, su reputación la precedía dondequiera que iba. Puede que hubiera sido usada y tirada o que fuera ella quien tenía el hábito de usar y tirar a los hombres. Fuera como fuera, su vida estaba hecha de escándalos y vacía de amistad; es fácil imaginar lo que la gente del pueblo decía a sus espaldas, o quizá delante de ella. Esto hacía que lo que siguió fuera lo más extraordinario de todo.

«Le dijo la mujer: Sé que ha de venir el Mesías, llamado el Cristo; cuando él venga nos declarará todas las cosas. Jesús le dijo: Yo soy, el que habla contigo» (vv. 25-26).

Aquellas seis palabras, dirigidas a la menos indicada de las personas, cambiaron el curso de la historia:

Yo soy, el que habla contigo.

Hasta aquel momento, Jesús solo había dado a entender su verdadera identidad. Las palabras explícitas —el anuncio de la llegada de Dios a la tierra, el cumplimiento de cientos de años de profecía mesiánica, el plan del Maestro para restaurar toda la creación— le fueron susurradas a la persona que nadie quería. Él sabía que estaría allí. Conocía su nombre, su dolor y su necesidad. *Ella era, de hecho, la razón por la que Jesús estaba allí*, porque del pozo de la inmensa e indiscriminada misericordia de Cristo fluye su misión:

Rescatar y redimir a los perdidos.

«El que beba del agua que yo le daré no volverá a tener sed jamás, sino que dentro de él esa agua se convertirá en un manantial del que brotará vida eterna» (v. 14 NVI).

TEMA DE ORACIÓN

Pídele a Dios que te libre por completo de cualquier prejuicio para que veas a todas las personas como Cristo vio a la mujer samaritana; pídele después que te ayude a valorar el agua viva más que las necesidades físicas.

AVANZANDO

o ¿Qué estaba diciendo Jesús al decidir anunciarse a una persona marginada, samaritana y mujer?

o ¿De qué formas era Jesús distinto de cualquier otra persona que esta mujer hubiera conocido? ¿Cómo esperaba ser tratada por él?

o Cuando se dio cuenta de que Jesús era el Mesías, comenzó a propagarlo. ¿Cómo puedes hacer tú lo mismo?

DÍA 40

MISIÓN

«Porque tuve hambre, y me disteis de comer; tuve sed, y me disteis de beber; fui forastero, y me recogisteis; estuve desnudo, y me cubristeis; enfermo, y me visitasteis; en la cárcel, y vinisteis a mí. Entonces los justos le responderán diciendo: Señor, ¿cuándo te vimos hambriento, y te sustentamos, o sediento, y te dimos de beber? ¿Y cuándo te vimos forastero, y te recogimos, o desnudo, y te cubrimos? ¿O cuándo te vimos enfermo, o en la cárcel, y vinimos a ti? Y respondiendo el Rey, les dirá: De cierto os digo que en cuanto lo hicisteis a uno de estos mis hermanos más pequeños, a mí lo hicisteis».

MATEO 25:35-40

Jesús escogió a doce hombres para que fueran la primera unidad operativa del evangelio. Doce discípulos que viajaron con él durante tres años, le observaron ministrar a las multitudes y le escucharon enseñar, mientras aprendían cómo es el corazón de Dios para con las personas. Porque después de la ascensión de Jesús al cielo, a aquellos doce hombres se les encargaría su misión: llevar al mundo las buenas nuevas de que nuestra relación con Dios puede ser restaurada. Que el cielo espera a los seguidores de Jesús. Que cualquiera que crea que Jesús es el Hijo de Dios será salvo. Y que seguir a Jesús significa amar a Dios y a las personas como lo hizo él: a los leprosos que eran marginados sociales; a los ciegos y cojos que la sociedad veía como una carga; a los segregados y privados de derechos como las mujeres y los esclavos; a los niños que eran vulnerables y descuidados; a los ricos que eran absolutamente autosuficientes; a los pródigos, los rotos y los corruptos. Todos ellos compartían la misma necesidad: su total incapacidad de redimirse a sí mismos.

Jesús vino a buscar y a salvar a los perdidos.

Los discípulos experimentaron un inmenso recalibrado. Todo lo que creían saber sobre la vida se vino abajo. El nuevo orden del reino sería poner primero a los demás, amar cuando la gente odia, orar por los que les persiguen, dirigir sirviendo, dar cuando es costoso, confiar en la provisión de Dios aun cuando la necesidad es grande, y morir para vivir. Jesús lo cambió todo, y compartir su amor, vida y propósito con todas las personas, también con las más desfavorecidas —especialmente con ellas—, se convirtió en la misión exclusiva de los discípulos.

Más de dos mil años después, la misión sigue vigente. Los seguidores de Cristo siguen construyendo el reino de Dios, y podemos participar de esta tarea; en realidad, hemos sido llamados a hacerlo. Seguimos teniendo que rescatar a personas y llevarlas a aquel que las creó, las ama, puede sanarlas y restaurarlas. Hay una guerra activa —la oscuridad contra la luz—, y para participar de la segura victoria de Dios debemos ser valientes para negarnos a nosotros mismos y atrevidos para decir la verdad. Debemos ser tenaces en nuestra confianza de que Dios será fiel a su palabra y a su obra. Debemos amar a aquellos a quienes él ama, servir a quienes sirve y negarnos a ceder en hacer el bien que hacía Jesús. Y todo por su causa, porque nos ama, nos rescató y nosotros correspondemos a su amor. Y hasta que él vuelva, la misión seguirá en marcha.

¡Que empiece a sonar la buena música y la marcha a cámara lenta! ¡Los elegidos de Dios están en movimiento!

TEMA DE ORACIÓN

Dale gracias a Dios por su Hijo, dale gracias no solo por enviar a Jesús a morir sino también para enseñarnos a vivir, y pídele el valor para vivir lo que sabes de él.

AVANZANDO

o Jesús asume de forma personal lo que haces y lo que no haces por otras personas. ¿Qué significa esto para ti? ¿Cómo te motiva?

o ¿Quién te viene a la mente cuando lees Mateo 25:35-40? ¿Qué te lleva a hacer el Espíritu Santo?

o Nuestra misión es clara, pero nos distraemos fácilmente. ¿Qué tiene que cambiar en tu vida, relaciones personales, prioridades y perspectiva para que seas más activo en la misión de Cristo?

SOBRE
LOS AUTORES

Amanda Jenkins es oradora y escritora, con cuatro libros en su haber, entre ellos *Confessions of a Raging Perfectionist*, una autobiografía que ha inspirado estudios bíblicos de mujeres y conferencias por todo el territorio estadounidense. Amanda es especialista en escribir y enseñar sobre una fe auténtica, que es el propósito que subyace tras este devocional. Vive en Chicago con su marido, Dallas, y cuatro hijos.

Kristen Hendricks es escritora, artista y creadora de *Small Girl Design*. Antes de ilustrar (literalmente) cómo un Dios grande puede obrar a través de una niña, Kristen fue testigo de esta verdad una y otra vez durante el tiempo en que fue directora ejecutiva de una organización antitráfico de personas en África Oriental. Kristen vive en el área de Chicago con sus dos hijas y su marido, Joe, donde trabaja en la defensa de las mujeres y se esfuerza en llevarlas a Cristo.

Dallas Jenkins ha sido cineasta durante más de veinte años, y es también un solicitado orador, bloguero e invitado de los medios en temas de cultura pop y de fe. Ha producido o dirigido más de una docena de películas, entre ellas *What If...* y *The Resurrection of Gavin Stone*. El éxito viral de sus cortos sobre los Evangelios desde una perspectiva diferente dio origen a su serie, *Los elegidos*, y a este devocional.